U0906054

華中科技大學出版社
http://press.hust.edu.cn
中国·武汉

前言 Preface

欢迎你踏上这场奇妙的历史文化之旅——一次穿越时间和空间，与文物对话的机会。在这套图书中，我们将带你走进10座极富特色的中国博物馆，一窥那些见证历史沧桑、承载文明智慧的国宝。

每一座博物馆都是一座宝库，不仅收藏着数不清的历史珍品与艺术精品，更蕴含着无尽的知识和故事。在这些博物馆宁静的大厅里，时间似乎停滞了。古代工匠们的智慧和才能，历史的波澜和变迁，使得每一件展品都鲜活起来，等待着我们去发现和了解。

从甘肃省博物馆的历史厚重到首都博物馆的皇家气韵，从成都博物馆的天府风采到广东省博物馆的岭南风情，从布达拉宫的神秘庄严到敦煌博物馆的视觉震撼，从殷墟博物馆的商代遗迹到秦始皇帝陵博物院的兵马雄风，再到中国丝绸博物馆、新疆维吾尔自治区博物馆的地域特色，本套图书将为你开启一扇时光之门，带你走进一处处国家宝藏胜地。

我们深知，以一套书的有限篇幅，无法完整展现每座博物馆所有重要的国宝。于是，我们从文物的历史和文化价值、工艺水平、独特性与创新性，以及社会知名度和影响力等多方面综合考量，精心挑选了每座博物馆的20～24件最具代表性的珍贵文物。它们有的是各自博物馆的镇馆之宝，有的是某个时代的历史见证。此外，为了让读者更清晰地对文物进行了解和比较，我们将文物按不同类型来介绍。通过这些文物，读者不仅能欣赏到数千年间的艺术瑰宝，更能深入探索中华文明的发展脉络，体会历史的深度与厚重。

你即将翻开的是中国丝绸博物馆分册。本书致力于介绍中国丝绸博物馆的馆藏珍宝，通过对精选织物与服饰的详细诠释，引领你跨越时代的藩篱，感受中国丝绸文化的独特魅力。每一件展品都蕴藏着一段动人的历史，展示了特定时期社会、经济、科技与艺术的成就，同时体现了古代工匠们的才智和匠心。我们致力于运用鲜活的文字和精美的图片，呈现丝绸文物的真实面貌与背景故事，使你不仅能充分欣赏这些珍贵的织物与服饰类文物的华美与精妙，还能深入了解它们所透射出的历史脉络与文化底蕴。我们期待，本书能够唤起你对中国丝绸艺术的向往与热爱，深化对这一绵延至今的灿烂文明与文化瑰宝的了解和传承。

我们相信，这不仅是一次认知和学习的过程，更是一次心灵和情感的旅行。我们希望，这套图书能够激起你对历史的好奇心，唤起你对传统文化的尊重和保护，更希望这趟文化之旅成为你心中宝贵的记忆。

目录 Contents

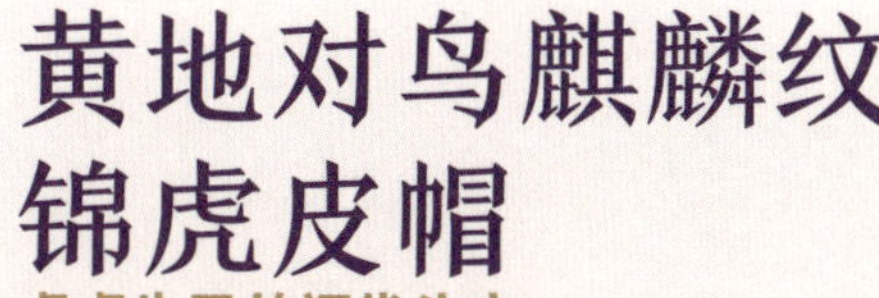

中國

博物馆概况

中国丝绸博物馆（China National Silk Museum）作为国家一级博物馆、中国最大的纺织服装类专业博物馆和世界最大的丝绸专业博物馆，以弘扬丝绸文化为宗旨，集收藏、研究、保护、展示于一体，力求让参观者在秀美的湖光山色中领略千年丝绸文明的辉煌与魅力。

位置与规模

中国丝绸博物馆（以下简称“国丝馆”）坐落于历史文化名城杭州市西子湖畔玉皇山下。馆区现占地面积约4.2万平方米，建筑总面积约2.3万平方米，展厅面积约1万平方米，由多个独立或相连的展馆和功能区组成，建筑秀丽，环境清幽。

展馆包括反映丝绸之路历史的丝路馆、进行文物修复演示的修复馆、展示中外时尚服饰的时装馆等。各展馆内部设施完备，除了多个专业展厅，还设有科研和互动区域。此外，馆区内还设有藏有大量纺织相关文献资料的新猷资料馆，以及展示农家传统养蚕场景的“桑庐”和供参观者体验染、织、绣、编相关技艺的“女红传习馆”等。漫步馆区，宛如穿行于江南园林般的文化空间之中。

发展历程

经过多年的发展，国丝馆已成为集收藏展示、科学研究、文化传播于一体的综合性丝绸文化中心，在国内外享有盛誉。作为全球规模最大的丝绸专业博物馆，其正以独特视角诠释着丝绸对人类文明的影响。

- 1992年2月26日：国丝馆建成，并对外开放。
- 2000年10月：经国家文物局批准，于国丝馆成立了中国纺织品鉴定保护中心。
- 2004年1月1日：国丝馆开始对公众免费开放。
- 2009年9月：由国丝馆牵头申报的“中国蚕桑丝织技艺”项目被联合国教科文组织列入《人类非物质文化遗产代表作名录》。
- 2010年10月：经国家文物局批准，依托国丝馆设立纺织品文物保护国家文物局重点科研基地。
- 2012年：国丝馆被国家文物局评定为第二批国家一级博物馆。
- 2015年：国丝馆实施改扩建工程。
- 2016年9月：国丝馆以全新的面貌开放。
- 2019年6月：国丝馆成立国际丝绸之路与跨文化交流研究中心。

经过多年的征集和积累，国丝馆的馆藏覆盖数千年历史：既有新石器时代的原始纺织物残片，也有历朝历代的绚丽织锦和精美服饰，还涵盖了各民族、多地区的纺织服装文物及相关工具。

国丝馆的馆藏资源极为丰富，堪称研究和展示丝绸文化的宝库。截至2022年年底，国丝馆馆藏文物总数已达70246件（套），其中国家三级以上文物达4865件（套）。这些藏品来自古今中外多个时期与地区，全面构建起丝绸、纺织、服饰主题的收藏体系。除了大量相关文献资料，国丝馆的馆藏主要包含以下三大类别。

○ 织物类考古实物

这类藏品的占比很大，包括各个时代出土或传世的丝织品、织物标本和织绣精品等。比如，国丝馆珍藏有大量早期中国丝绸实物，其中一些汉唐时期的织锦残片出土于古代丝绸之路沿线的多个重要遗址。这些丝织品实物为研究中国丝绸发展史提供了第一手资料，也是馆内最为珍贵的一类藏品。

○ 历代服饰

这类藏品是国丝馆馆藏的重要组成部分。国丝馆系统收藏了从战国两汉直至明清民国各个时期的传统服饰实物，包括皇室龙袍、贵族礼服（帽或靴）、绣有补子的官服、民间刺绣服饰和配饰——比如清末民初的旗袍、荷包等，品类极为丰富。这些服饰文物凝结了精湛的织染绣工艺，代表了各时代的技艺水平与审美倾向，形象展现了中国服饰文化的历史演变和不同社会阶层的生活风貌。

○ 织造器具

这类藏品是纺织技术发展史的重要实证，包括中国古代传统的纺车、织机、缫丝与刺绣用具，以及与蚕桑养殖相关的工具模型等。虽然其数量相较前两类藏品而言称不上庞大，但其在国丝馆展陈中发挥着独特而不可替代的作用：参观者通过实体模型，能十分直观地认识和了解古代丝织品的诞生全过程。比如，国丝馆内的蚕桑馆和织造馆，展示了栽桑养蚕、缫丝抽线、提花织机织造等传统技艺流程，参观者可以近距离地观察各式织造器具的构造，并了解其工作原理。这类藏品不仅丰富了国丝馆的藏品类别，更对中国蚕桑丝织技艺这一非遗技艺的传承和相关科普教育大有助益。

国丝馆的这些馆藏从不同侧面反映了中国丝绸生产、贸易和服饰文化的发展脉络，凝聚了中华民族在纺织服饰领域的创造力和智慧，不断吸引着大众、相关从业人员和学者前来参观。

国丝馆根据自身丰富的藏品资源，精心策划了多个各具特色的常设展览，同时定期推出高水平的临时专题展览，辅以依托高科技的云上展览，全方位呈现了丝绸文化的方方面面。

○ 常设展览

锦程：中国丝绸与丝绸之路，位于丝路馆第2、3层，通过展示丝绸之路（以下简称“丝路”）沿途出土的汉唐织物等精品文物，讲述中国丝绸5000年的辉煌篇章、中国作为丝路主角向世界传播丝绸产品与技艺的精彩历程，以及丝路沿线东西方文化的交流融合，分为8个单元。

- 源起东方（史前时期）：展示中国丝绸的起源，追溯至史前社会。
- 周律汉韵（战国秦汉时期）：展示战国至秦汉时期的丝绸发展。
- 丝路大转折（魏晋南北朝时期）：展示魏晋南北朝时期的丝路变化。
- 兼容并蓄（隋唐五代时期）：展示隋唐五代时期丝绸文化的融合。
- 南北异风（宋元辽金时期）：展示宋元辽金时期的丝绸特色。
- 礼制煌煌（明清时期）：展示明清时期的丝绸礼制。
- 继往开来（近代）：展示近代丝绸的发展。
- 时代新篇（当代）：展示当代丝绸的创新与传承。

天蚕灵机：中国蚕桑丝织技艺非物质文化遗产展，位于蚕桑馆和织造馆，涵盖中国蚕桑丝织技艺中的蚕桑习俗、制丝印染、织绣技艺等各个方面。参观者可近距离感受中国蚕桑丝织技艺的艺术魅力，深入了解这一宝贵非物质文化遗产的传承与保护状况，分为4个单元。

- 蚕乡遗风：展示剪纸、蚕花、蚕猫、茧圆等蚕桑民俗文化主题工艺品，展示中国作为世界上最早栽桑养蚕、缫丝织绸国家的悠久历史和丰富的蚕事习俗。
- 陌上丝话：介绍制丝剥绵及印花染缬工艺，展出辑里湖丝、夹缬、绞缬、拷绢、香云纱等制品，展示古人在缫丝络线、生产丝织品和染色方面的智慧和技艺。
- 锦绣华章：展出非遗传承人的丝绸织造和刺绣作品，包括蜀锦、云锦、宋锦，以及“四大名绣”和杭绣、台绣等地方名绣作品，展示中国丝绸织造与刺绣艺术的辉煌成就。
- 神机妙算：展示汉锦织机、宋锦织机、杭罗织机、绫绢织机等近20台织机及其对应织物，并辅以织机模型和准备工具等，展示中国古代织机与织造技术的发展。

○ 临时展览

国丝馆每年都会策划推出数个大型专题展览或国际交流展览。这些临时展览主题多样、内容新颖，常常与年度热点或研究前沿相结合，极大地丰富了国丝馆的展陈内容。除了丝路主题，国丝馆的临时展览还涉及时尚设计、纺织科技、民俗服饰等领域。这些临时展览通常持续数月时间，有的还会在全国巡展或与海外机构合作互换展出。临时展览的及时推出，使国丝馆始终保持着活力与新鲜感。同时，通过与国内外文博机构合作办展，国丝馆实现了馆藏资源与外来文物的优势互补，进一步提升了自身在国际博物馆界的影响力。

○ 云上展览

国丝馆通过数字化技术打破时空限制，以多维度的交互体验重构观展方式，推出了“云上展览”。参观者无须进馆，通过电脑或手机设备即可以高清全景、虚拟实境和互动多媒体的形式，全面浏览馆内各类珍贵丝绸文物和展品。展览系统不仅提供细致的图像和文字解说，还提供视频讲解、专家点评和背景资料，参观者可以身临其境般地探索丝绸的起源、发展与工艺传承。

博物馆展览分布图

1 立狮宝花纹锦
2 “恩泽”锦
3 刺绣蔓草纹锦袜
4 黄地彩绣方格纹靴
5 “无极”锦
6 “岁大孰常葆子孙息兄弟茂盛”锦
7 云气汉字纹锦
8 红地含绶鸟纹锦
9 黄地五彩八达晕锦
10 “长葆子孙”锦缘绢衣裤
11 瓣窠对马纹锦袍
12 大窠四鹰纹锦袍
13 织金鹰兔纹胸背
14 周氏墓出土女服
15 紫色团花暗花缎鳖衣
16 褐绢锦缘帽
17 蓝地团窠花卉纹锦帽
18 黄地对鸟麒麟纹锦虎皮帽
19 列堞对虎纹锦翘头靴
20 刺绣菱纹手套
21 黄绮地刺绣花卉动物纹弓囊
22 虎皮胡禄
23 彩绣花蝶纹粉扑
24 白绸绣花鸟钱袋

锦程（二）
14 15
23 24
锦程（二）
社会教育部
弱电间
锦程（二）

3层

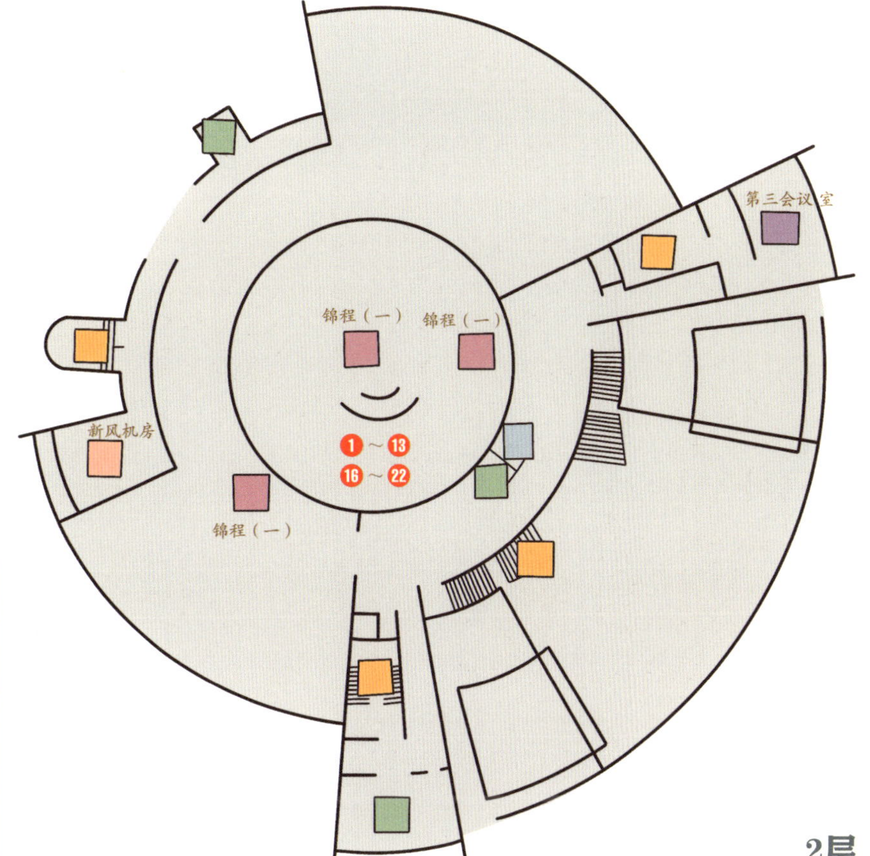

2层

注意 本书的文物展出通常位于国丝馆的丝路馆中的“锦程”展览内，其所在位置是以作者当前写作阶段的位置为参考标注的。由于国丝馆经常会有临时特展或巡回展，所以无法保证文物位置固定不变，请各位读者知晓，以实际的参观情形为准。

吉祥纳福

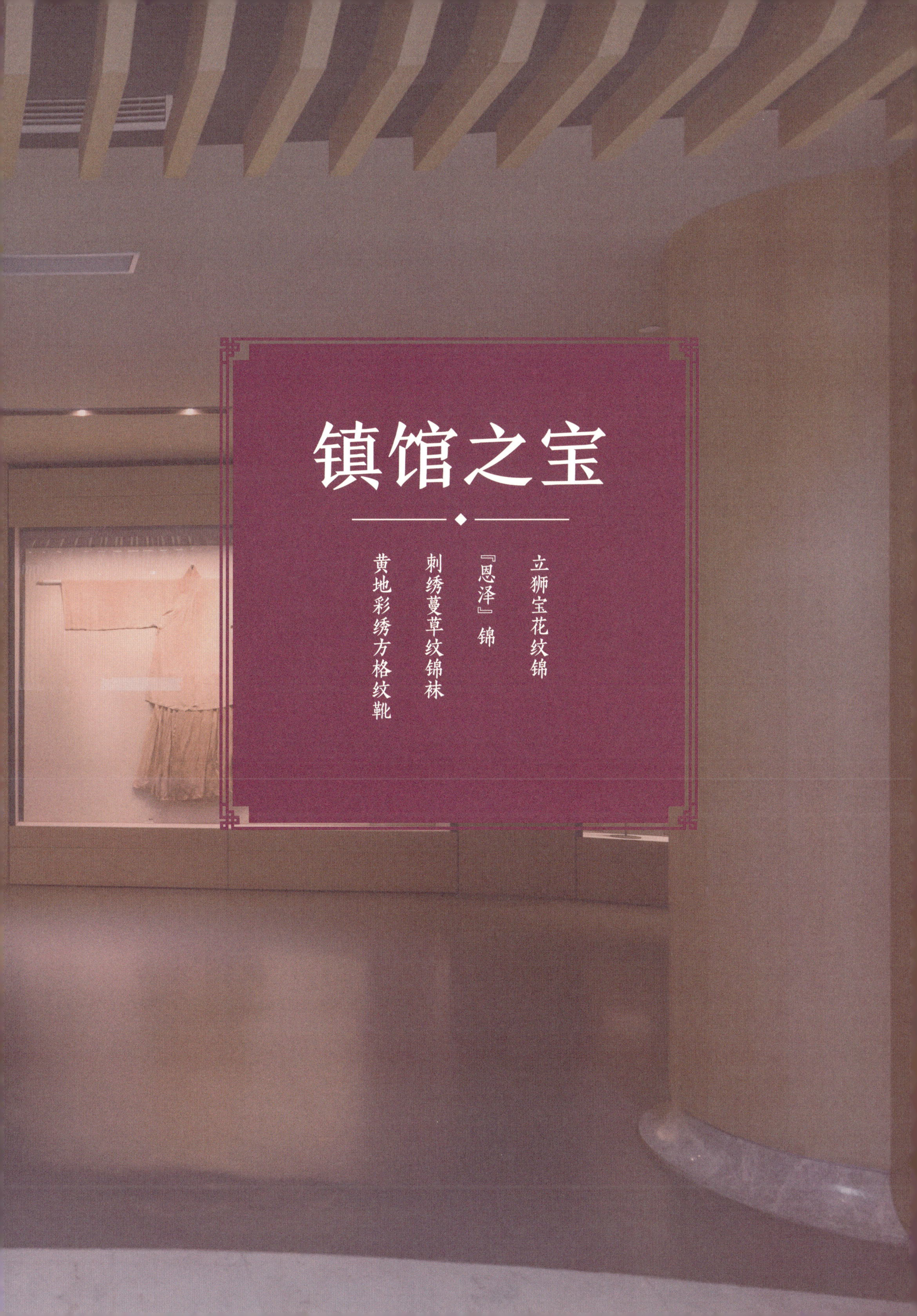

镇馆之宝

立狮宝花纹锦

『恩泽』锦

刺绣蔓草纹锦袜

黄地彩绣方格纹靴

立狮宝花纹锦

胡风汉韵，唐锦瑰宝

陵阳公样是唐代出现的一种具有中国特色的新型团窠纹，因其创制者陵阳公窦师纶而得名。这种装饰纹样是将西域传入的团窠联珠环内的动物纹样（如此锦上的狮子）与中国审美的花卉纹样相结合的产物。

环目虬鬓、挺胸而立的雄狮。

国宝名称：立狮宝花纹锦
所属年代：唐
材　　质：锦

织锦（以下简称“锦”）指以彩色丝线经提花（以竖向的经线和横向的纬线交错组成凹凸花纹）工艺织成的带有花纹的丝织品。依据显花丝线的方向不同，锦分为经锦（以经线显花）和纬锦（以纬线显花）两大类。这件长46厘米、宽29厘米、经拼凑复原的织锦残片堪称中国丝织史上的明珠——唐代织锦的“最强名片”。

此锦片主纹（主花）为由花卉环和立狮组成的特定大窠纹（即尺寸较大的团窠，对应于中窠纹、小窠纹而言），辅纹（宾花）为“十”字形花卉纹。团窠又名“团花”，是以“窠（原指动物巢穴，后指外环加中心图案的纹样组织形式）”为构成单元之纹样的通称。此锦片主纹名为“立狮宝花纹”，全以黄色表，现令其布于蓝地上，极为醒目。其中，“宝花”指构成团窠外环的花卉。该花卉环中的花卉结构饱满舒展，线条流畅细腻，风格较为写实——整体形似牡丹，花蕾状如石榴。

结构复杂、中心对称的“十”字形花卉纹于各团窠间规则排布，使纹样整体更显细腻华美。

中心立狮雄壮矫健，外环宝花富丽典雅，纹样花团锦簇，寓意吉祥圆满、飞黄腾达。

小提示

团窠纹在保持单个团窠独立性的同时呈现韵律美感和丰富寓意，于唐代应用非常广泛，至辽代仍是最为流行的织物纹样之一。唐代联珠纹环与中国本土纹样融合，演化出了双圈联珠环、卷草联珠环、花瓣联珠环等样式。随着花卉外环面积日益增大、中心动物图案日渐弱化直至消失，陵阳公样式团窠纹演化出了完全由花卉纹组成、极具大唐风韵的团窠宝花纹。

立狮宝花纹锦仿制品

古代丝织品的常见类型

我们平时常说的“绫罗绸缎”和前文介绍的锦都属于丝织品。丝织品类型众多，名称各异，这些名称从古到今有一定的变化，但大体是按织物的组织（纺织品中经线和纬线交叠的关系）、织物的花纹或织物的色彩来命名。其中，机织物的组织常见的有3种，分别是平纹组织、斜纹组织和缎纹组织，通常均为单层组织；而数层组织互相嵌合者称作“重组织”。以上基本概念有助于我们认识古代类型丰富的丝织品。

山水图绢垫（清，台北故宫博物院）

和协荷包（清，台北故宫博物院）

绢、纱、缂丝

绢是平纹组织的丝织品，纹理平实，挺括、耐用，不仅是实用衣料，也可用于制作书画作品、团扇、风筝等。纱是丝线很细且密度低到一定程度的绢，特点是轻、薄、透。缂丝是采用“通经断（回）纬”方式织成的平纹织物，极具装饰效果，但很耗费人工，有“织中之圣”“一寸缂丝一寸金”之说，主要用于制作陈设观赏物品。

缂丝龙舟竞渡图（清，美国大都会艺术博物馆）

瓶花红缎精绣坐垫套（清，台北故宫博物院）

绫套（清，台北故宫博物院）

缎

缎是缎纹组织或以缎纹作地组织提花织成的一类丝织品，光亮顺滑，较易勾丝，可用于制作服饰、用品。

绫

绫是斜纹组织的丝织品，较轻薄，光滑柔软，可用于制衣、装裱书画等。

罗

罗是纱罗组织（以地经纱和绞经纱同纬纱交织）的丝织品，表面有分布均匀的孔眼且有一定的皱感，常用于制作夏季服饰。

锦

锦是重组织的丝织品，工艺复杂，厚实华美，于古代丝织品中最为贵重。锦可用于制作多种服饰、用品，比如锦盒、书画作品的包首或封皮等。

织锦凤穿花佛经封皮（明，美国大都会艺术博物馆）

童子戏莲纹罗（元，美国大都会艺术博物馆）

刺绣对鸟纹绸（唐，美国大都会艺术博物馆）

绸

绸主要指表面平细滑挺、不具备其他类织物特征的丝织品，质地较细密，厚薄不一，用途广泛。

『恩泽』锦

五色汉锦上的神诡天境

国宝名称：“恩泽”锦
所属年代：汉晋（公元1—3世纪）
材　　质：锦

这件锦片纵10厘米，宽69.5厘米，由两块织锦残片拼缝而成，是汉晋纺织工艺之巅——平纹织锦和当时的云气动物纹锦、铭文锦之典型代表。其经线有5种颜色，主纹为云气动物纹；其空隙处织有汉字铭文——“恩泽”和“下岁大孰宜子孙富贵寿”；繁复多彩、寓意丰富的图案和铭文展现了当时工匠非凡的技艺水平和审美倾向。

汉代织锦属于平纹经锦，经线密集，每平方厘米可达160根；纬线相对稀疏，每平方厘米约为30根。这一经纬配比令汉锦质感和视觉效果独树一帜，正如此锦片。

此锦片上无间断、似长有植物之连绵仙山的云气纹于汉晋时期盛行。这一时期的云气纹常穿插多种动物纹，组成云气动物纹。而包含汉字铭文是汉晋云气动物纹的一大特征。

麒麟纹

神虎纹

汉晋云气动物纹中，云气为纹样骨架；其间填充的动物大都不是现实生活中的禽兽，而是似此锦片上形貌奇异的麒麟、神虎、辟邪、瑞鸟和羽人等神兽仙禽，它们与云气一同构建了当时人们想象中天上仙境的神奇景象。因此，汉晋云气动物纹也可称作“云气神兽纹”。

此锦片形状狭长且外缘不齐，因用于拼缝的两块锦片品种相同但大小不一。其采用平纹经重组织，以深蓝色经线作地，以红、黄、绿、白4种颜色的经线显花，其中黄、绿二色经线交替地于不同区域显花；另于局部间隔性地织有少量橙色经线，营造出雨丝效果。因五色契合了当时盛行的阴阳五行学说，故这类云气动物纹锦有“五色锦”之称。此锦片色彩缤纷明艳，纹样复杂诡奇，铭文规整清晰，在给人以强烈视觉冲击的同时传达出当时人们福荫子孙、崇仙修道等理念。

瑞鸟纹

汉锦上常见这种填充于图案空隙处的汉字铭文，其多用于表达当时人们对美好生活的憧憬和对长生、升仙的渴望。

此锦片上存有几段宽0.5～0.6厘米的幅边（布帛类织物的边缘部分），据学者考证，其应为后人缝缀上去的。

辟邪纹

羽人纹

汉晋云气动物纹锦多由白、绿（代替青）、蓝（代替黑）、红、黄等五色丝线织成，对应金、木、水、火、土五行。其表面或以红色为地，以冷色显花；或以蓝色为地，以暖色显花。这充分证明，古人已能灵活应用冷暖对比这一配色技巧。

刺绣蔓草纹锦袜

重锦锁绣，相得益彰

铭文

锦袜脚跟部位织有红底白色、横向排布、寓意吉祥的汉字铭文“宜王”。

图案核心区域织有成组的深红色经线，令锦料的色彩和纹样更为丰富。

深红色经线

国宝名称：刺绣蔓草纹锦袜
所属年代：汉晋
材　　质：锦、绢

这双经过修复的锦袜单只长约35厘米，宽约19厘米，配色明丽悦目，纹样自然优美，形制与“延年益寿大宜子孙”锦袜近似，集东汉晚期至晋代先进的丝织与刺绣工艺于一体。“绣”指用针线于绸、布等织物上刺出花纹图案或文字，引申指刺有各种彩色花纹的丝织品，“刺绣”即对这些绣制而成的装饰图案的总称。

这双锦袜整体作上端开口的筒状，可分为两部分。脚跟部分以红色绢作地，用绿、米白等色丝线以锁绣（又名“辫子绣”）这一运针方法绣制出蔓草纹；脚面部分由多块对鸟对兽“宜王”锦料拼缝而成。值得一提的是，锦是中国古代十分贵重的丝织品，但其金贵程度通常逊于刺绣制品。因为相比使用织机生产的锦，刺绣须纯手工精心制作，且常按需单件定制，更耗时耗力，对工匠的技艺要求也更高。

刺绣制品虽制作不易，但艺术表现力和独特性突出，自古就被视作彰显物主身份、地位和品味的重要载体，深受权贵阶层青睐。此刺绣蔓草纹线条流畅，色彩多变，较图案重复性强、色彩过渡生硬的织锦纹样更为生动。以绣线环圈锁套而成的绣纹形似锁链，这是锁绣的特征。

深红色经线在脚尖部分随锦料的收拢由直线形变为弧线形。

小提示

“延年益寿大宜子孙”锦袜出土于新疆维吾尔自治区民丰县尼雅遗址——汉代精绝国（当时的西域三十六国之一）遗址。该处一汉墓中出土了闻名中外的“五星出东方利中国”锦护臂。

黄地彩绣方格纹靴

精致典雅的北朝足衣

国宝名称：黄地彩绣方格纹靴
所属年代：北朝
材　　质：丝

这双靴子单只长28厘米，宽16厘米，由上部的靴筒和下部的靴面组成。靴筒和靴面的材质同为黄色的绮，其上绣以彩色方格纹。其设计风格即使以今天的审美眼光来看也不过时，充分展现了当时织绣工艺的高超水准和上层社会对服饰设计的审美倾向。

小提示

“绮”指有文彩的丝织品，是在平纹织物上有规律地织一些花纹组织的丝织品。这种织法令绮即使是以单色丝线织成，其上也会有类似暗花效果的花纹。绮在两汉时期和锦一同被列为最高贵的花纹织物，仅供上流阶层享用。

北朝时社会上着靴之风盛行，无论男女、贵贱皆可穿靴。贵族的靴子会使用绮、锦等高档丝织物作为靴面，其上的纹饰大多采用刺绣，有的还镶嵌着宝石或金属片；平民的靴子则朴素简单得多，靴面材质通常为麻或棉，颜色也相对单一。

这样的高头大履虽十分气派，但劳作时明显不便，只适合不事生产的贵族穿着。

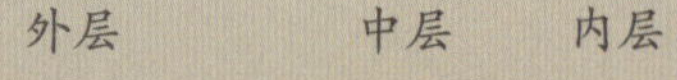

方格纹的单位纹样分外、中、内3层。外层是由棕色和绿色小朵花组成的大方框，中层是稍小的棕色细方框，内层是9个紧挨在一起、大小相近、颜色不一的小正方形。单位纹样作四方连续，于重复中暗藏变化，有效提升了靴子的装饰性。

北朝时的鞋履在承袭中原地区传统的基础上融入了鲜卑族的靴履文化，大大丰富了当时人们所穿鞋履的类型和样式，也对中国鞋履文化的发展产生了深远影响。这双靴子是这一时期鞋履的代表，也是刺绣日用品中的佳作。靴头部微翘，整体造型简洁流畅；刺绣工艺精细，比如方格纹内层的小正方形以铺满的绣线表现，针脚密实，深浅交替的颜色变化有序。

绣制而成的方格纹精美繁缛，彰显了穿戴者的身份和地位。

馆藏文物

锦片

衣袍

帽靴

其他文物

锦片

TEXTILE FRAGMENTS

『无极』锦

朵朵穗云间的汉晋美学

铭文

动物纹

三角纹

国宝名称：“无极”锦
所属年代：汉晋
材　　质：锦

这件织锦残片长29厘米，宽18厘米，以棕褐、深蓝二色为主色调；长边一侧织有二方连续的三角纹，在云气和似龙的动物图案间织有汉字铭文，现存“无极”二字。此锦片与前述“恩泽”锦装饰风格相近但又有所区别，织工精细，美感独具，是汉晋时期云气动物纹锦的又一典型代表。

此云气动物纹中这一似龙的动物线条洒脱流畅，色彩对比鲜明，呈现出恢宏威严的气势和奔放古拙的美感，但其种类难以辨认。这与当时的审美仍受楚文化影响有关。楚地纹样通常较为抽象，风格奇诡浪漫。“恩泽”锦纹样也有此特点。

此锦片上的云气动物纹时代特色浓郁。依据纹样骨架形态的不同，汉晋云气动物纹可分为山云式云气动物纹和穗云式云气动物纹两大类。构成前者骨架的云气纹如同“恩泽”锦上的纹样，连续不断，形似仙山；构成后者骨架的云气纹则如同此锦片上的纹样，明显断开，状如花穗。配合对比强烈的配色，此锦片纹样较“恩泽”锦更具立体感和空间感。

学者研究表明，西汉的云气动物纹源自对刺绣的模仿，通常配色、构图较为简单。而东汉至晋代的云气动物纹艺术水准提升显著，其不仅配色大胆，构图也颇具想象力——比如此锦片上相邻的两列云气和似龙的动物均作背向、颠倒排布，二者中心对称，纹样整体张力十足，富于动感。

此锦片上的云气图案分隔多处，互不连通；单个图案形如因成熟饱满而作涡状弯折的花穗，类似朵云纹的形态，与“恩泽”锦上的云气纹形态差异很大。

汉锦铭文可按含义分为历史政治事件、祈福求仙和祈寿延孙三大类，后两类通常使用的是当时社会上流行的吉祥话语（即“吉语”）。第一类以现藏于新疆维吾尔自治区博物馆的“五星出东方利中国”锦护臂的铭文为代表；第二类以现藏于北京服装学院民族服饰博物馆的“大长乐明光承福受右”锦残片的铭文为代表；第三类以“恩泽”锦的铭文为代表。

风靡汉代的云气纹

云气纹这一源自远古时代的纹样于汉代最为流行，这与当时人们渴求长生不死、崇尚修道升仙的思想密切相关。汉代人认为“云”和“气”实为一体，是生机、灵性、精神和祥瑞等的载体与象征，在描述羽化成仙、祥瑞现世等情景时常提及云气。自然界中形态多变的云被具象化、有形化和艺术化，就形成了飘逸灵动、富于韵律美感的云气纹。

云气纹的结构与应用

云气纹是一种由流畅的圆涡形线条组成的图案，应用时常作为纹样骨架或主纹的组成部分，其间填充或穿插以其他纹样，表达丰富的寓意。

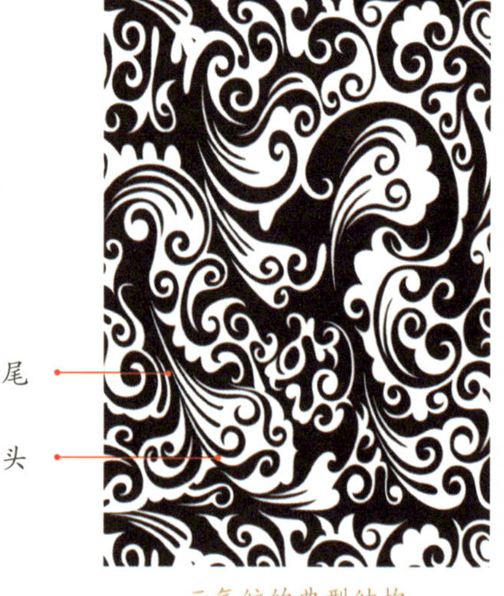

云气纹的典型结构

云气纹与鹿纹的组合

汉代云气纹与四神纹等组成的复合纹样

四神纹由青龙、白虎、朱雀和玄武4种吉祥之守护神形象组成。其于汉代盛行，常用于装饰墓室和葬具、瓦当、铜镜、漆器等。象征祥瑞的云气纹与四神纹组合出现，表达了汉代人对辟邪求福、长生升仙的渴求。

玄武的形象是一条蛇缠绕着一只龟。

玄武的典型形象

右侧的这个当卢纹样以盘曲的云气纹为背景，错落有致地排列着青龙、白虎、朱雀、凤鸟、玉兔、玉蟾等动物形象和日月形象，营造出一派奇幻仙境般的景象。

西汉日月四神纹错金青铜当卢纹样示意

汉代云气纹的特征

汉代织物、器物等载体上的云气纹多以纤细而多变的圆涡形线条为单位纹样，不仅于视觉上呈现了回旋流转、永不止息的动感和连续感，也巧妙地分割了画面空间。

西汉彩绘双层九子漆奁纹样示意

西汉绢地“长寿绣”纹样示意

壁画中青龙、白虎、朱雀和玄武姿态各异，四周缭绕的云气纹将它们衬托得更加活灵活现。

西汉《四神云气图》纹样示意

「岁大孰常葆子孙息兄弟茂盛」锦

锦袖荫子，连璧通天

国宝名称：“岁大孰常葆子孙息兄弟茂盛”锦

所属年代：汉晋

材　　质：锦

这件织锦残件长约25.5厘米，宽约17厘米，由两块色彩、纹样不同的平纹经锦面料拼缝而成，推测原为衣袖的一段。其以黄、蓝二色为主色调，配色古朴典雅；于云气纹和神兽纹间饰以汉字铭文“岁大孰常葆子孙息兄弟茂盛”，搭配连璧纹，纹样寓意丰富，令我们得以一窥汉晋织锦的风采与魅力。

此织锦衣袖残件所用的两块锦料均采用平纹经重组织：一块为一端折边缝合，呈较规则之长方形的连璧（又名“穿璧”“璧帛”，一种玉璧与帛带联结的连续排布式纹样，帛带多呈“十”字形捆缠玉璧）兽纹锦，应用作袖缘；另一块为织有铭文，呈梯形的云气神兽纹锦，应用作袖身。纹样整体表达了当时人们对福荫子孙的多重祈愿。

此云气神兽纹锦以深蓝色经线作地，以黄、棕红、米白、绿等色经线显花。纹样骨架为山云式，神兽有辟邪、麒麟、瑞鸟和羽人等，沿锦料的中轴左右对称排布。锦料局部织有橙色经线，营造出雨丝的效果。

此连璧兽纹锦以棕色经线作地，以米白、蓝绿二色经线显花。纹样以穿连玉璧之帛带交叉组成菱格式骨架，其内填充不同的图案。例如，此锦中的羽人纹图案。

小提示

此连璧兽纹锦是战国至汉晋时期“棺饰连璧”习俗影响下的产物。棺饰连璧即于墓中漆棺内外或壁画、画像石上饰以连璧实物（玉璧和帛带）或连璧纹（多为彩绘），以求死者的灵魂在玉、帛之“显圣物”的引导下升入天界。

湖南省长沙市砂子塘1号汉墓外棺头挡纹样示意

云气汉字纹锦

中西合璧，翼兽携铭

山云式纹样骨架蜿蜒不绝，弯折处多呈U形或拱形，既似连绵起伏的座座仙山，又像卷曲缠绕的条条藤蔓，散发出勃勃生机。

国宝名称：云气汉字纹锦
所属年代：汉晋
材　　质：锦

这件织锦残片是汉晋云气动物纹锦和铭文锦的又一典型实例。据学者考证，当时这类织锦是作为商品自中原大量输出至西域的。而其纹样中出现源自西方的有翼神兽，是东西方文化艺术交融的生动例证。

此锦片采用平纹经重组织，虽破损较严重并有一定程度的褪色，但其上的云气动物纹和铭文相当典型。云气动物纹的纹样骨架为山云式，其间的动物以翼兽为主；纹样局部疏密有致，整体规整而不失活泼。铭文应属于“祈福求仙”这一类吉语，传达出当时人们向往光明幸福、追求羽化成仙的理念，其字形和颜色与前述纹样高度调和，从而成为其有机组成部分。

此锦片上的汉字铭文不甚清晰，但“光”“福”“受”等字尚可辨识，其中“福”字尺寸明显大一些，其他字的尺寸较小。

此云气动物纹中可辨识的动物有虎、辟邪和麒麟。虎似正边向前腾跃边作回首状。辟邪有角有翼，身似豺狼，翘尾，似正作势飞扑。麒麟长角有翼，身似鹿，垂尾，同作回首状。

小提示

迄今所知铭文最长的汉锦考古实物是"绮伟（琦玮）并出中国大昌四夷服诛南羌乐安定与天毋疆"锦，其铭文多达21个汉字。有学者认为其与“五星出东方利中国”锦护臂铭文含义相近。

“绮伟（琦玮）并出中国大昌四夷服诛南羌乐安定与天毋疆”锦复原效果示意

红地含绶鸟纹锦

神鸟西来，花间衔瑞

瓣窠外部以结构复杂的“十”字形花卉纹为辅纹。其以八瓣小团花为花心，四向伸出花蕾状的大花瓣，其间饰以小花蕾。

国宝名称：红地含绶鸟纹锦
所属年代：唐
材　　质：锦

这件锦片长55厘米，宽49厘米，为纬锦织物。以红色作地，以绿、白等色显花，主纹为瓣窠含绶鸟纹。含绶鸟是对喙部衔有项链或璎珞状饰物（可统称“珠串”）、颈系绶带或飘带、状似雁鸭的鸟的总称。青海省海西蒙古族藏族自治州都兰县热水乡唐代吐蕃墓葬群出土了多件含绶鸟纹锦残片，此锦片的含绶鸟纹以织物为载体沿丝绸之路向中国中原地区传播的实证。

此锦片整体质地紧密，色彩浓丽，纹样清晰，做工精细。其上的瓣窠含绶鸟纹分上、下两排排布，空隙处饰以“十”字形花卉纹。下排瓣窠相对完整，上排瓣窠仅存靠下的小半部分；两排含绶鸟朝向可能相反，均作侧视角度下的静立状。含绶鸟纹于萨珊波斯艺术品中常见，在丝绸之路沿线国家和地区一度盛行，多以单只或成对立鸟的形态呈现，有的喙部不衔珠串。其最初象征王权神授、胜利等，在中国则有繁荣昌盛、福寿等吉祥寓意。

瓣窠形态多变，其外环花瓣造型的数量、形状皆不固定：数量通常为双数，以此锦上的八瓣较为常见，多者有20瓣；形状有半圆形、多边形等。

瓣窠内部，立于小方台上的含绶鸟颈部饰联珠圈，腹部饰双色鱼鳞状图案，翅、尾部饰双色条纹和三角纹；口衔一珠串，其下部缀有3颗圆珠。

小提示

学界对含绶鸟这一命名没有统一标准。唐代敦煌文书称其为“五色鸟”，同期其他史书称其为“雁衔绶带”或“鹊衔瑞草”。含绶鸟纹是唐代织物和服饰的常用纹样。

唐代童衣（局部）纹样示意

黄地五彩八达晕锦

富丽堂皇的清代宋式锦

国宝名称：黄地五彩八达晕锦
所属年代：清
材　　质：锦

这件五彩缤纷、布满花纹的锦片是清代宋式锦中的佳作。流行于明清时期的宋式锦也称“仿宋锦”，因部分花色承袭宋锦风格而得名，多产于苏州。其特色是采用特结经固结显花纹纬的织造方法，纹样多为填充于几何形骨架间的小型团花或折枝小花——以此锦上的八达晕最为典型，配色崇尚和谐典雅。

小提示

特结经固结显花纹纬是宋式锦的一大工艺特色。特结经又名“接结经”，纹纬显花时与其交织，可被固结于织锦表面。宋式锦较厚较硬，多用于装裱巨幅挂轴类书画、制作椅凳铺垫面料和陈设品等。

八瓣团花纹

方形几何纹

六瓣团花纹

纹样将抽象的几何元素与具象的自然元素精妙融合，合理搭配黄地上红、绿、蓝、褐、白等色彩，锦片整体华丽别致，极富装饰性。

此锦片保存完好，织工精细，其上的八达晕繁缛精美，充分体现了清代宋式锦的设计制作水准。八达晕也写作“八答晕”“八搭晕”等，是一种源于五代、发展于两宋、盛行于明清的经典复合纹样。八达晕由几何形骨架和其间填充的各式纹样（可为钱纹、龟背纹等细密的几何纹，也可为花卉纹、鸟兽纹等）组成，结构错综复杂，富于秩序美感，有八路相通、飞黄腾达等吉祥寓意。此锦片为“十”字形骨架，更多的是由水平线、垂直线和对角线组成的“米”字形骨架。骨架各交叉点上常饰以圆形、方形、多边形等几何纹，以及各式团花纹等。

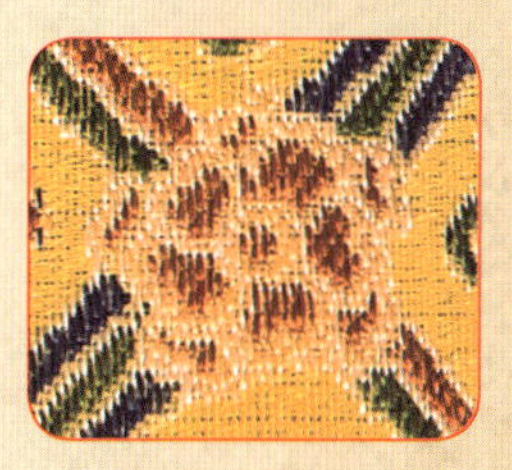

“十”字形骨架交叉点上的纹样除了严谨规整的方形几何纹、六瓣团花纹和八瓣团花纹，还有精美灵动的重瓣小团花纹。

填充于“十”字形骨架间的折枝花卉纹造型多样，配色多变，面积虽小却很吸睛。

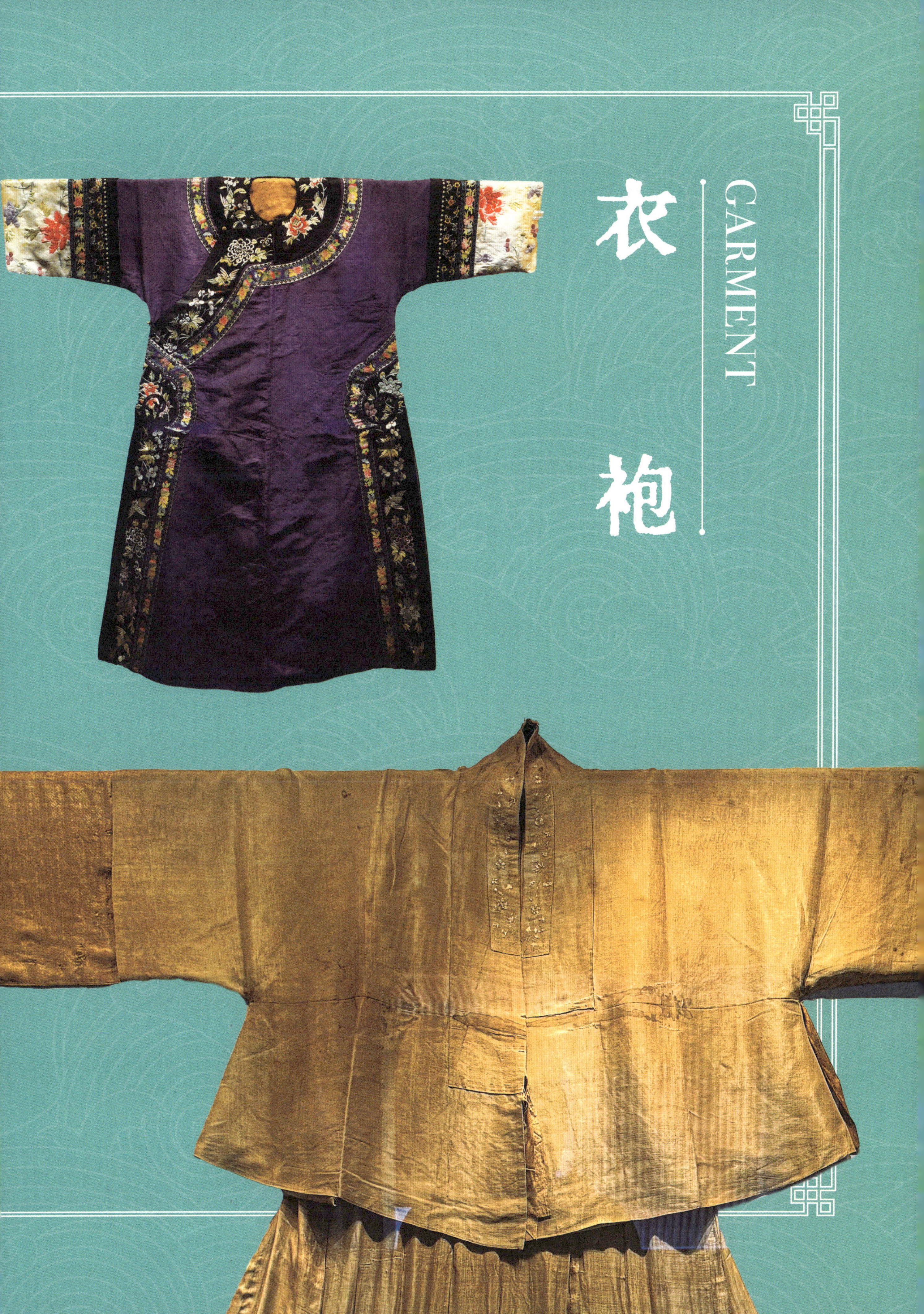

衣袍

GARMENT

『长葆子孙』锦缘绢衣裤

制成衣裤正身的素绢虽有明显的脆化破损现象，但对制作于约2000年前的丝绸服装来说，这等保存完好度已极为难得了。

这套出土于新疆地区的汉代衣裤由一件锦缘绢衣和一条锦缘绢裤组成。绢衣通袖长165.5厘米，衣长121厘米；绢裤长108.5厘米。其做工精良，配色典雅，是汉代丝织工艺、制衣工艺和美学的集中体现，也是汉代中原丝绸服饰于西域绽放光彩的有力实证。这套衣裤所用的“长葆子孙”锦属于典型的汉代经锦，锦上的云气动物纹和铭文具有典型的汉代特征。

这套锦缘绢衣裤采用汉代典型的经重平组织，衣、裤的正身均以本色素绢制成；绢衣的领口、袖口、衣襟和下摆处皆镶缝红地“长葆子孙”锦作缘，绢裤的裤脚则镶缝蓝地“长葆子孙”锦作缘。虽正身部分的素绢脆化较为严重，但这套衣裤的形制基本完整。有学者考证，其与新疆尼雅遗址8号墓墓主——精绝国国王所穿的服饰形制颇为相似。

绢衣形制为对襟长衣，主要用于外穿。

国宝名称：“长葆子孙”锦缘绢衣裤
所属年代：汉
材　　质：绢、锦

小提示

我们常说的“汉服”指汉族的传统服饰，而非汉代服饰。汉服是一种在朝代更迭中传承发展的服饰体系，自黄帝“垂衣裳而治”直至明末，汉服的形制历代有所变更，但交领右衽、系带隐扣、平面裁剪等核心特征得到了保持。

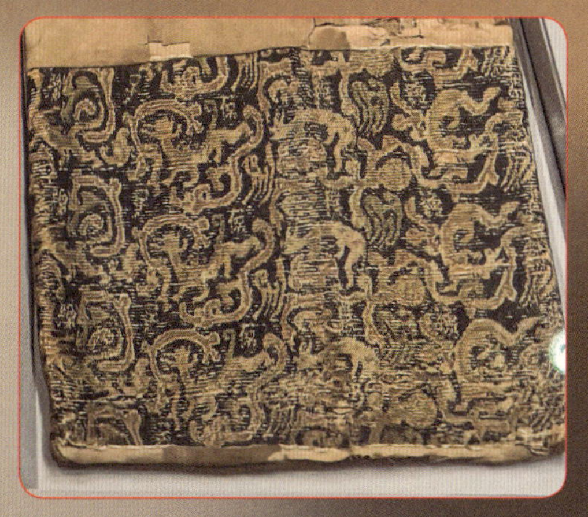

两种“长葆子孙”锦上的纹样骨架均为穗云式，其间穿插奔跑状的龙、虎、辟邪等神兽。这些云气纹和动物纹的空隙处所织汉字铭文“长葆子孙”，属于“祈福延孙”类吉语，表达了当时人们保佑子孙昌盛、延绵不绝的美好愿望。

器物小知识

汉代先进的织染技术

汉代织物类型多样，花纹精美，色彩鲜丽，这得益于当时已达到前所未有之高度的纺织和印染技术。

纺织技术

汉代织物中以绢最为多见，其次是纱。后者的经纬线密度较小，最稀疏的只有每平方厘米20根左右。出土于马王堆一号汉墓的一件通袖长195厘米的曲裾素纱禅衣，其经纬线密度在每平方厘米62根左右，却轻薄透明，犹如蝉翼，重量仅为48克，令人叹为观止。另一件直裾素纱禅衣通袖长190厘米，仅重49克。

直裾素纱禅衣（西汉，湖南博物院）

学者研究表明，制作这两件禅衣的纱料在织造时采用了极细的蚕丝，才会有如此轻薄的效果。

印染技术

汉代织物色彩缤纷，色调跨度大，当时的工匠已能使用矿物与植物颜料调配出数十种鲜明而纯净的色彩。更为震撼的是，他们创新性地发明了套版印花技术，为织物赋予了多彩的套色图案。

动物纹铭文锦（汉晋，美国大都会艺术博物馆）

汉代深衣的流行趋势

拓展话题

深衣是汉代女性最常穿着的服饰，分为曲裾和直裾两种。曲裾深衣的领口较低，会露出里面衣服的领子，因最多时可穿三层衣袍，当时人称“三重衣”。西汉至东汉，深衣样式逐渐由穿着复杂且费面料的曲裾深衣转变为宽松的直裾袍。

曲裾深衣

舞女身着“三重衣”，分别为贴身的里衣、中衣和作为外袍的曲裾深衣。

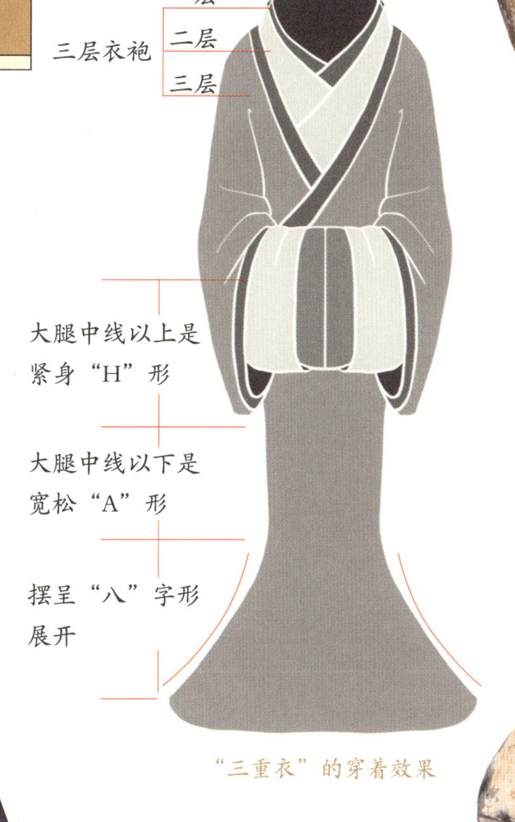

“三重衣”的穿着效果

彩绘陶舞俑
（西汉，美国大都会艺术博物馆）

曲裾深衣

其交领，右衽，上下分裁后缝联，使衣、裳相连。穿着时，在衣襟角处缝一根绸带系于腰臀部位，可将腰身裹缠得很紧，行走时衣长及地不露鞋子，可展现女性温婉、含蓄、端庄之美。

直裾袍

直裾袍

其右衽，衣身较长，下摆平直且无明显的弧度或褶皱，整体观感庄重、优雅、简约、流畅。穿着时，领曲斜至腋，衣襟直下，显得干脆利落。东汉贵族穿着的直裾袍面料考究，纹饰也很复杂。

瓣窠对马纹锦袍

锦衣华服，唐代经典

国宝名称：瓣窠对马纹锦袍
所属年代：唐
材　　质：锦

这件锦袍长128厘米，宽105厘米，是唐代丝绸服饰的典型代表之一，也是唐代东西方文化与技术交融并进的又一典型实例。其面料瓣窠对马纹锦采用斜纹纬重组织，于深红色地上以黄、蓝等色丝线显花，主纹为瓣窠内立于“棕榈花台”上的对马，异域风格浓郁。

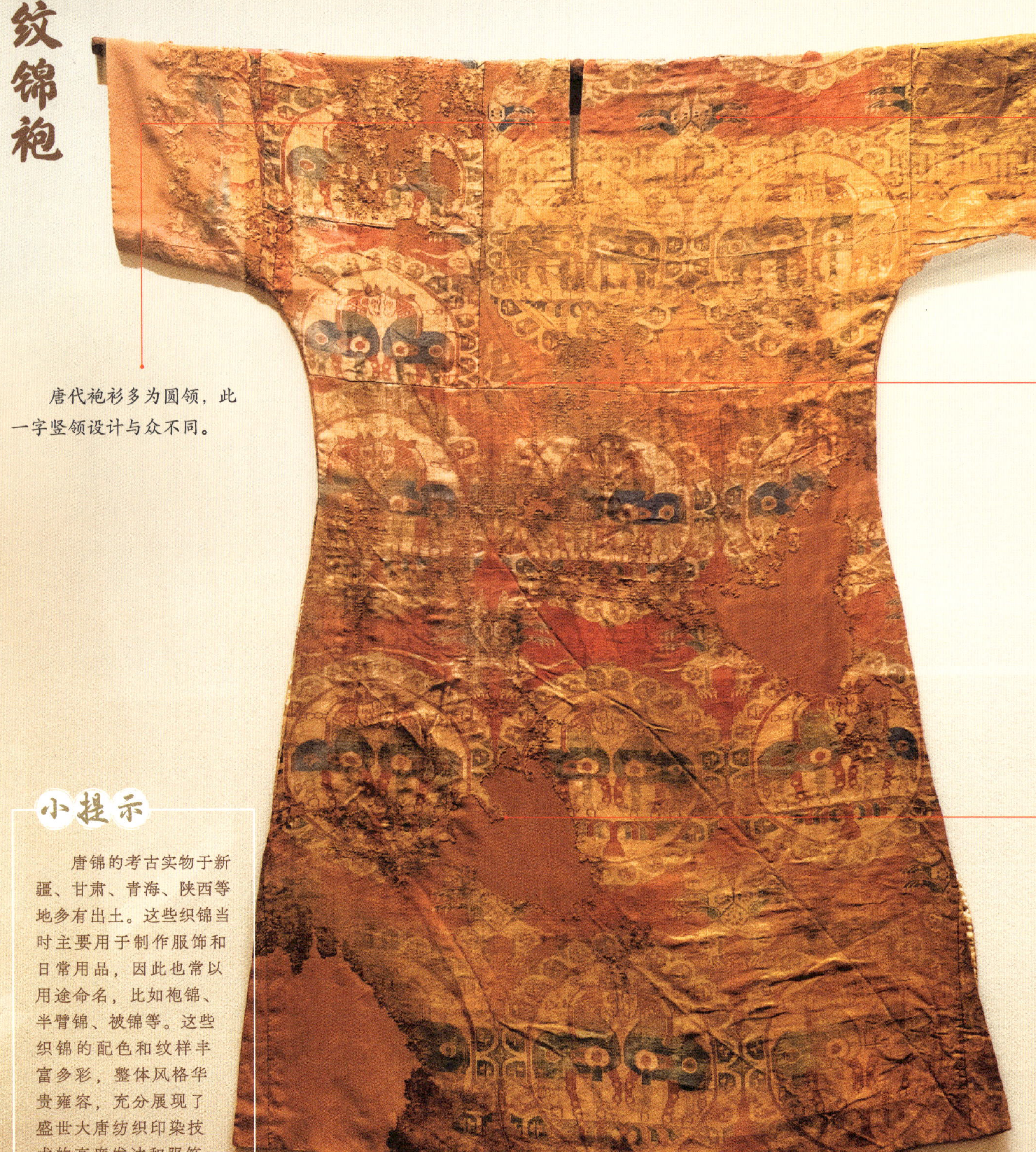

唐代袍衫多为圆领，此一字竖领设计与众不同。

小提示

唐锦的考古实物于新疆、甘肃、青海、陕西等地多有出土。这些织锦当时主要用于制作服饰和日常用品，因此也常以用途命名，比如袍锦、半臂锦、被锦等。这些织锦的配色和纹样丰富多彩，整体风格华贵雍容，充分展现了盛世大唐纺织印染技术的高度发达和服饰文化的兼收并蓄。

瓣窠外部空隙处的辅纹有两种：一种是一对猛兽，其身上多处饰有圆点状朵花纹、张口吐舌、作交叉飞扑状，占绝大多数；另一种是团花，占比很少。

此袍一字竖领，套头式，半窄袖，衣长及膝，下摆两侧开衩。此袍虽有一定程度的破损，但自然紧凑的版型、规整精细的做工与瓣窠对马纹锦这一华丽昂贵的面料相得益彰。此袍纹样中的瓣窠是唐锦纹样中的经典造型之一，类似造型在都兰吐蕃墓、甘肃省敦煌市莫高窟藏经洞中也有发现。此袍纹样中的瓣窠花瓣呈多边形、小而密，且内部饰有几何纹，令纹样整体更显精致。对兽或对鸟则是作为团窠中心图案之动物纹常见的组织形式；动物中除了马，鹿、羊、大雁、孔雀、凤鸟等也较为多见。

瓣窠内部纹样分上、下两部分，左右对称。下部为形似棕榈树的“T”形花台，“树干”呈三角形，“树冠”由多片卷曲的瓣状叶片组成。花台上有一对身形健硕、神采奕奕的马相向而立，皆微颔首，微抬一前足，躯干和四肢饰有圆环和圆点花纹，颈中飘带向后飘扬。

唐代的丝织品类型丰富，其中锦和绫常被用作当时官服的主体面料。锦袍造价高昂，除了皇帝，官员们通常只在特别重要的场合穿着锦袍，其余时间大多用绫。

大窠四鹰纹锦袍

袍逐春水，纵马驭鹰

国宝名称：大窠四鹰纹锦袍
所属年代：辽
材　　质：锦

这件经过修复的锦袍属于辽代服饰中较为典型的缺胯袍，料工皆精，是辽代纺织业兴旺发达的实证之一。其面料大窠四鹰纹锦属于辽式斜纹纬锦，纹样中的“鹰”指猎鹰——我国北方游牧民族驯养以用于狩猎的猛禽，主要为矛隼。

这种波浪形或花瓣状纽襻与纽扣组成的盘扣和中原流行的盘扣样式迥异，可能受到了西域服饰风格的影响。

小提示

缺胯袍始于北朝时期，主要设计目的是骑马更为便利。其是唐代服装中的主要款式之一，到了辽代更为流行。

此袍圆领，右衽，窄袖，衣长过膝；开衩方式是下摆左右两侧开衩，既便于行走活动，又起到与未开衩时同等的遮挡作用。袍左腋下至前腰处缝有锦制的盘扣，其中纽襻呈波浪形或花瓣状，纽扣原有4颗，现存3颗；右侧腰部另缝有1颗纽扣，用途未知。袍上的鹰纹于团窠内外皆有，与辅纹云纹皆多作中心对称式排布，纹样整体工整而不失灵动。

此大窠四鹰纹锦纹样中，各团窠以“十”字形划分为4个区域，其内以深色丝线作纹样轮廓、浅色丝线分别织出一只猎鹰、两朵祥云，从而令团窠整体呈现出中央4瓣朵花盛放、四周4只猎鹰在云间翱翔的优美图景。

团窠外部的鹰纹和云纹相对团窠中的尺寸小一些，但刻画的细致程度不打折扣。猎鹰属于春水秋山纹中的物象，在辽代织锦纹样中十分常见。春水秋山纹表现了当时北方游牧民族在春秋两季的狩猎活动——春季到水边放鹘打雁，秋季入山林击兔射鹿。

织金鹰兔纹胸背

衣现秋山，金丝入织

国宝名称：织金鹰兔纹胸背
所属年代：元
材　　质：丝

这件织金胸背表现了野外猎鹰逐兔这一富有北方游牧民族特色的“秋山之景”，刻画生动，用料考究，制作精良，是元代丝织品的典型代表之一。胸背是元代服饰中的特色装饰之一，指服装前胸或后背处的花纹织物，形状近似方形，制作工艺以织金（可用于锦、缎、绫等）为主。元代织金锦也称“纳石失”“纳失失”。

小提示

胸背纹样可以织、绣或印花工艺制作而成。这一服饰形式后被明朝统治者所接受，将其与汉族“以鸟纪官”的传统相结合，制成了补子（简称“补”），进而形成了补服制度，用于表示和区分皇室成员、朝廷官员及相关人员的身份等级。与在服装上一次性织成、和服装相连的胸背不同，补子是先行织、绣或缂成完整的纹样后，整片补缀至服装之上的。

此胸背纹样的主体是一只野兔，其右后方是一只飞翔的猎鹰，四周饰以云纹、牡丹纹、凤纹、灵芝纹等。画面明暗相映，结构严谨，主次分明，动感十足。元代胸背纹样多见龙、凤、麒麟、鹿等寓意吉祥的动物类题材，图案粗犷不失精美，但并无等级象征意义。

猎鹰翎羽丰满，双翅伸展，似正瞄准野兔作势俯冲，欲一击而中。

凤纹　云纹

此胸背以圆金法（将金箔切成细丝后以丝线为芯捻制成圆金线，或称“捻金线”）织成，牢固耐用，但金色光泽较黯淡。另有片金法（将长条形金箔夹织于丝线间），因金片较丝线粗阔，表面金光闪闪。

祥云盘绕的天空下，一只凤鸟盘旋飞舞；大地上牡丹花叶繁茂，灵芝倚木生长，一派生机盎然，刺激的猎鹰逐兔场景发生于这样的环境中并不显得突兀。画面整体动静交融，又于安宁和美中注入了恰到好处的紧张悬疑感，引人入胜。

牡丹纹　灵芝纹

野兔身形健硕，四足腾空地奔跑着，眼睛瞪圆，双耳后撇，似正被猎鹰紧逼，于慌乱中奋力逃生。其形态和神情刻画都较为写实。

明清时期的补服制度

补服制度定型于明代。明清时期的补服制度是封建礼教和等级制度的一大缩影，这些形制、色彩不一的补子从一个侧面反映了不同时代背景下的文化信息和社会价值观。

明代官服补子一般为边长为40厘米的正方形，通常不加边饰；文官补子的纹样主题为飞禽，武官补子的纹样主题为走兽，清代沿用这一分类方式。明代公、侯、驸马、伯的补子纹样为麒麟和白泽；另有赐服（朝廷向有功之士赏赐冠服）制度，补子纹样为蟒、飞鱼、斗牛和麒麟等。

鸂鶒补子（明，美国克利夫兰艺术博物馆）

明代文官补子纹样

文官一品为仙鹤，二品为锦鸡，三品为孔雀，四品为云雁，五品为白鹇，六品为鹭鸶，七品为形似鸳鸯的水鸟鸂鶒，八品为黄鹂，九品为鹌鹑，杂职为练鹊。而监察执行法纪的官吏——风宪官，以能辨忠奸、形似麒麟的神兽獬豸为补子纹样。

獬豸补子（明，美国大都会艺术博物馆）

狮子补子（明，美国大都会艺术博物馆）

明代武官补子纹样

武官补子的纹样种类相对少一些。一品一般为麒麟，二品为狮子，三品、四品皆为虎豹，五品为熊罴，六品、七品皆为彪，八品为犀牛，九品为海马。

清代官服补子通常为方形或圆形，边长或直径通常为30厘米。补子的纹样有龙、凤、蟒、禽、兽、花卉等。无论君臣，其补子均饰有五色云蝠等寓意吉祥的边饰。

一品文官仙鹤补子

二品文官锦鸡补子

三品文官孔雀补子

四品文官云雁补子

五品文官白鹇补子

六品文官鹭鸶补子

一品武官麒麟补子

四品武官虎补子

清代官服补子纹样示意

清代文官补子纹样

文官一品至七品与明代的相同，八品为鹌鹑，九品为练雀，九品以下为黄鹂。都御史、副都御史、按察使、给事中、御史等皆为獬豸。

清代武官补子纹样

武官一品为麒麟，二品为狮子，三品为豹，四品为虎，五品为熊，六品为彪，七品、八品皆为犀牛，九品为海马。

衮服云龙圆补（清，美国大都会艺术博物馆）

明清时期的命妇（通常为官员的母亲或妻子）的服饰也遵循补服制度，补子的纹样以其丈夫或儿子的官品为准，尺寸较男性补子小一些。武官之母、妻不用兽纹补子，而是和文官家属一样用禽纹补子。清代女性补子的纹样丰富，主题皆具吉祥寓意。皇太后、皇后、皇贵妃用金龙纹，其他后妃则用不同种类的禽鸟纹或花卉纹，比如凤纹、鸳鸯纹、牡丹纹等。

周氏墓出土女服

秀雅恬淡，低调奢华

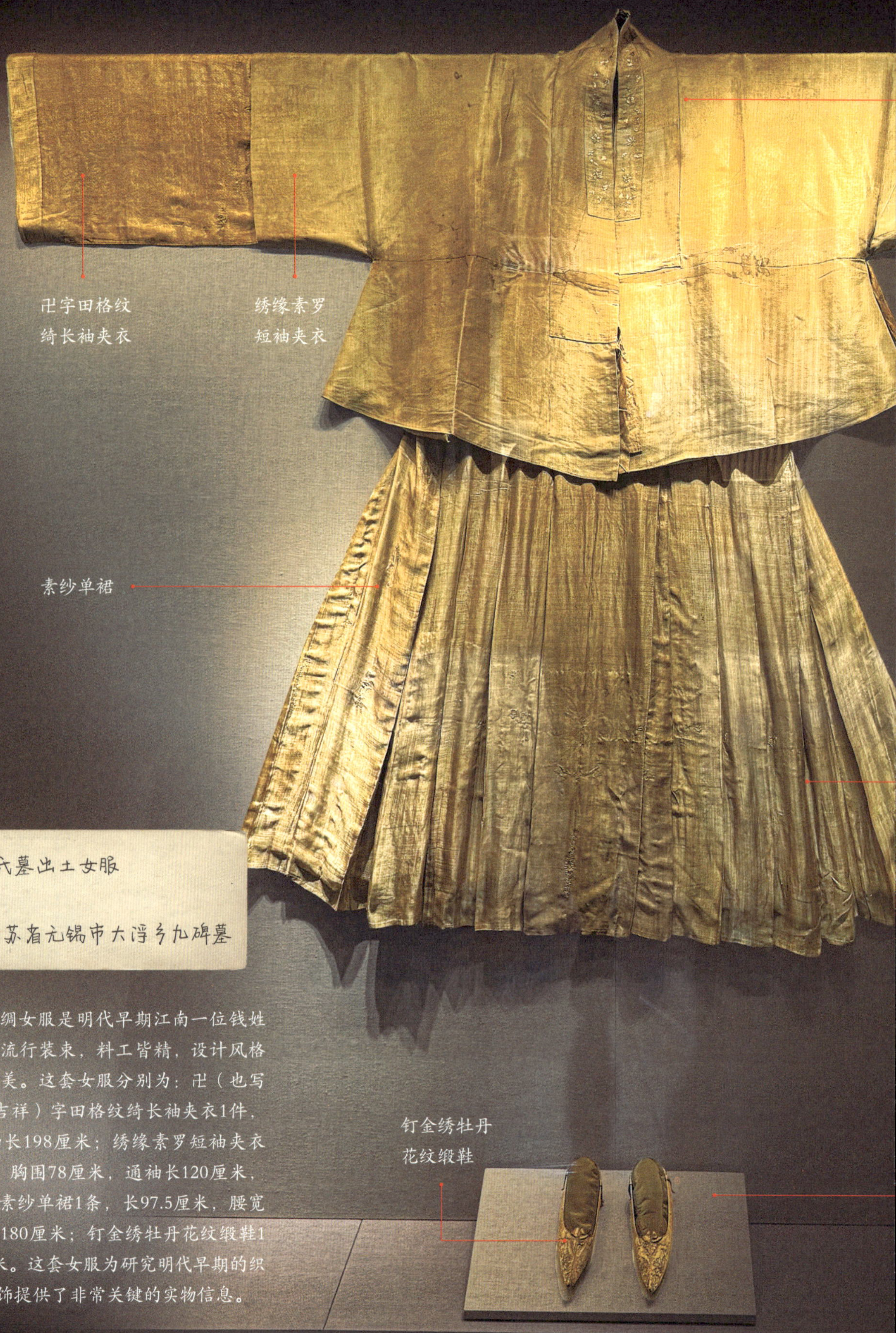

卍字田格纹绮长袖夹衣

绣缘素罗短袖夹衣

素纱单裙

国宝名称：周氏墓出土女服
所属年代：明
出 土 地：江苏省无锡市大浮乡九碑墓

这套黄色丝绸女服是明代早期江南一位钱姓学者之妻周氏的流行装束，料工皆精，设计风格也符合当今的审美。这套女服分别为：卍（也写作“万”，象征吉祥）字田格纹绮长袖夹衣1件，长61厘米，通袖长198厘米；绣缘素罗短袖夹衣1件，长61厘米，胸围78厘米，通袖长120厘米，下摆宽91厘米；素纱单裙1条，长97.5厘米，腰宽65厘米，下摆宽180厘米；钉金绣牡丹花纹缎鞋1双，长约22.5厘米。这套女服为研究明代早期的织造工艺和女性服饰提供了非常关键的实物信息。

钉金绣牡丹花纹缎鞋

长袖夹衣直领，对襟，主体面料为平纹地上起卍字田格斜纹花的织物，袖缘以绢贴边。

短袖夹衣直领，对襟，门襟处有系带两根，两侧开衩至腋下，领口贴有刺绣花卉纹花边。

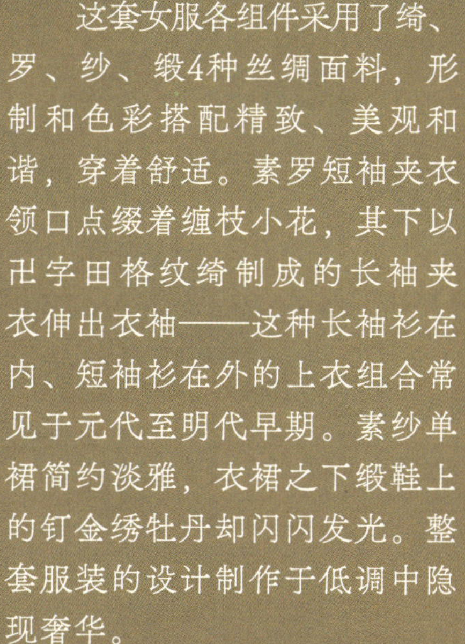

这套女服各组件采用了绮、罗、纱、缎4种丝绸面料，形制和色彩搭配精致、美观和谐，穿着舒适。素罗短袖夹衣领口点缀着缠枝小花，其下以卍字田格纹绮制成的长袖夹衣伸出衣袖——这种长袖衫在内、短袖衫在外的上衣组合常见于元代至明代早期。素纱单裙简约淡雅，衣裙之下缎鞋上的钉金绣牡丹却闪闪发光。整套服装的设计制作于低调中隐现奢华。

单裙为百褶，前片和后片之间开衩，且留有大于其他褶一倍的一处大褶，形似马面裙。

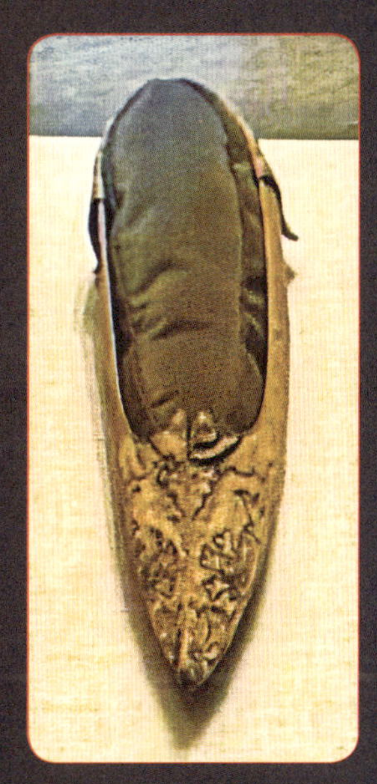

绣鞋面料为五枚素缎，鞋背上以钉金绣法绣出牡丹花纹。

小提示

钉金绣又名“金银线绣”，是以金、银线为主要绣线的一种刺绣方法。操作时先将金（银）线铺或叠在绣地上，再用不同颜色的绒线将其钉牢，并用这些绣线的组合来表现刺绣花纹或图案的形状、色彩等特征。

紫色团花暗花缎氅衣

清代女性的华美外袍

两侧开衩处的如意云头纹多以宽度不一的多彩花绦打折盘钉而成。

国宝名称：紫色团花暗花缎氅衣
所属年代：清
材　　质：缎

氅衣是古代罩于衣服最外层的大衣，历代形制有所不同。这件暗花缎氅衣用料精良，工艺考究，边饰繁缛，配色和谐，整体观感华贵端庄，是清代宫廷氅衣的典型代表之一。

清代氅衣通常为直身袍，长至膝下，两侧开衩高至腋下，开衩顶端饰如意云头纹。这件氅衣的形制也是如此，圆领，右衽，衣身宽大，袖子长至腕、宽平且呈挽袖折叠状，下摆略呈圆弧状。其主体面料为紫色暗花缎，于领缘、袖缘等处贴有以各式团花纹为主的刺绣花边。色彩缤纷的花边与紫色缎地构成了鲜明的明暗与繁简对比，整件氅衣好似春天里百花盛开的大地，给人以鲜妍温馨、生机勃勃之感。

挽袖是清代女装特有的接袖结构，兼具袖口装饰功能。其以线缝缀于袖内，穿着时翻卷在外，可调节袖子长短，也便于拆卸。挽袖多以刺绣为饰，两侧挽袖纹样通常为对称结构，且与服装主色调反差强烈，层次分明。这对挽袖上最为醒目的纹样是浅色地上两朵娇艳的大牡丹，令整件氅衣更显富丽华贵。

暗花缎是一种经显地纹、纬显花的缎纹组织织物，其花纹较地部缎纹有明显的凹陷，光泽也更暗一些。

边饰是清代氅衣的一大特色。这件氅衣的边饰题材为当时女性服饰上应用广泛的花鸟类——以牡丹、菊花、梅花等四季花卉为主，辅以仙鹤等，寓意美好吉祥。

帽靴

FOOTWEAR AND HEADWEAR

褐绢锦缘帽

样式新颖的北朝头衣

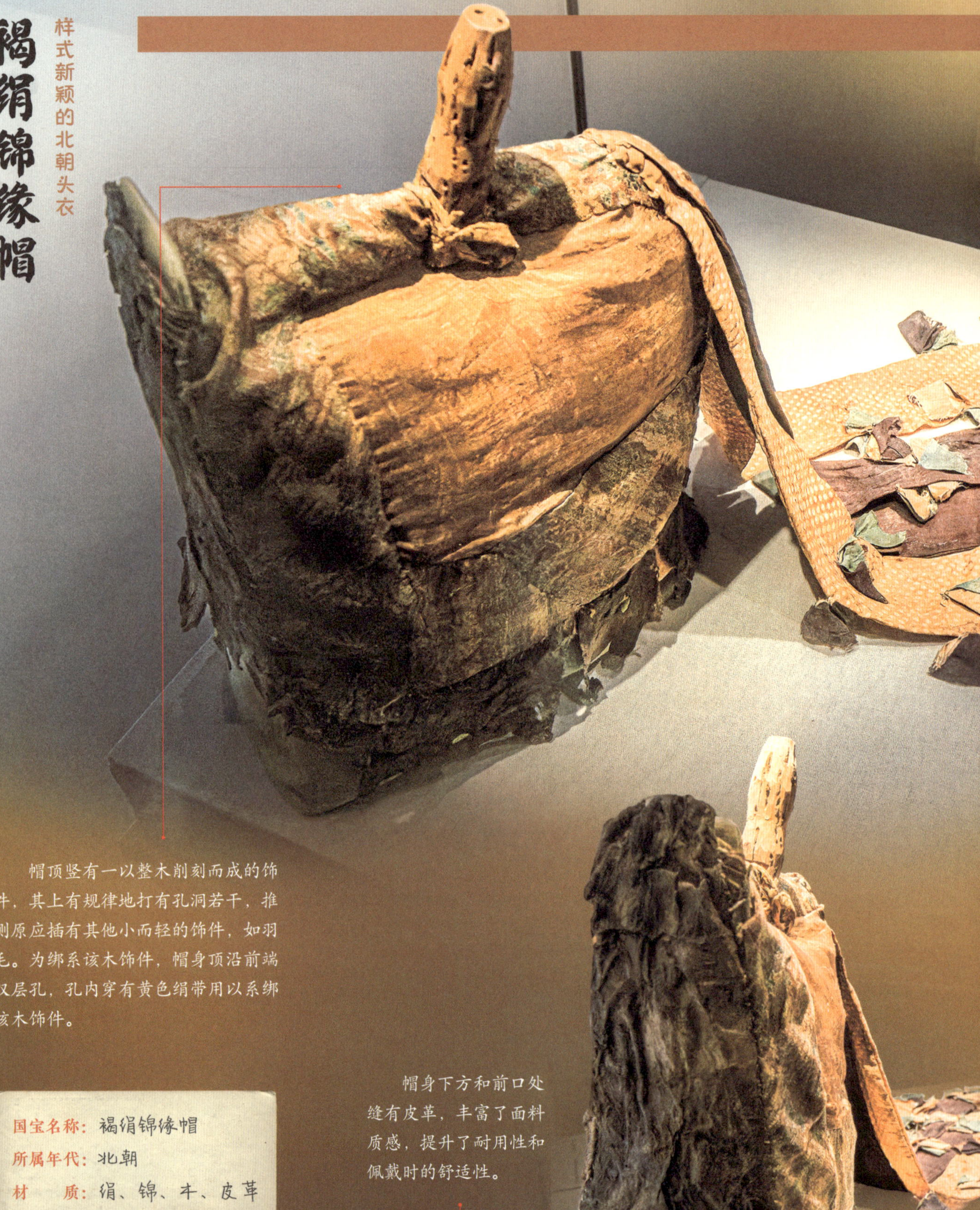

帽顶竖有一以整木削刻而成的饰件，其上有规律地打有孔洞若干，推测原应插有其他小而轻的饰件，如羽毛。为绑系该木饰件，帽身顶沿前端双层孔，孔内穿有黄色绢带用以系绑该木饰件。

帽身下方和前口处缝有皮革，丰富了面料质感，提升了耐用性和佩戴时的舒适性。

国宝名称：褐绢锦缘帽
所属年代：北朝
材　　质：绢、锦、木、皮革

这顶帽子高25厘米，宽25厘米，带长47厘米，是以绢、锦等面料拼缝而成的胡帽。此帽形制独特，观感稳重而不失活泼，是北朝胡帽中的精品。

此帽与汉族冠帽样式迥异，由帽身、飘带和木饰件3部分组成，主体面料为锦、素绢和绞缬绢。绞缬绢即采用绞缬（即今日扎染）工艺染成的绢。此帽造型、配色和纹饰皆朴实而不失精致，尤其飘带设计是一大亮点，令其更显洒脱、不落俗套。

帽身分为内、外两层，侧面近似方形，与帽顶木饰件比例协调。其衬里面料为浅褐色素绢；外层主体面料为褐色素绢，四周以经锦缘边。此经锦以褐色经线作地，白色经线显花，并于局部加织蓝绿色经线，其纹样近似四瓣花卉纹和茱萸纹。

飘带缝缀于帽身顶沿后端近木饰件处，共4条，分别为深褐色绢2条、褐色绞缬绢2条。各飘带均缝缀有多个以蓝、褐、深褐等色绢片制成的三角形饰件。

蓝地团窠花卉纹锦帽

别有风致的唐代保暖帽

锦帽中央的面料呈纯净的黄褐色，与其两侧的蓝地团窠花卉纹锦构成了色彩上的冷暖对比。二者的拼接方式令帽子更具设计感。

锦帽两侧的护耳部分较长，保暖作用显著。其下的系带自然下垂时显得轻盈飘逸，提升了帽子的装饰性。

国宝名称：蓝地团窠花卉纹锦帽
所属年代：唐
材　　质：锦

唐代服饰以其多样的款式、浓烈的色彩和繁美的纹样而著称。当时汉服和胡服文化于大唐盛世荟萃交融，无论官员还是平民，其日常服饰的形制均于传统汉服的基础上多有创新。这顶帽子以蓝地团窠花卉纹锦为主体面料，形态独特、纹色华美、制作精良，是唐代服饰风尚的实证之一，为研究唐代服饰文化和丝织工艺提供了重要的实物参考。

此蓝地团窠花卉纹锦纹样中的团窠甚大，帽子侧面连同护耳部分仅能呈现出单个团窠的大半部分。该团窠位于深蓝色地上，由黄褐色双线组成的圆环式骨架至少有两层；其间填充的花卉纹以红、绿色团花纹为主，花头饱满。纹样整体大方雍容，华丽明艳。

这顶锦帽是附有护耳和装饰系带的平顶高帽，整体正、背面近似上窄下宽的梯形，帽顶部分侧面近似倒“V”字形。其帽顶、帽身和与之一体的护耳部分由蓝地团窠花卉纹锦和位于其中央的长方形黄褐色面料拼缝而成，装饰系带分别以棕色和深绿色面料制成。

此帽的装饰系带设计很有特点。帽子底端缝有一条深绿色的横向装饰系带。作如此设计的目的尚不明确。

黄地对鸟麒麟纹锦虎皮帽

虎虎生风的辽代头衣

系带缝缀于帽身两侧底部对称处，可于颏下系结，以戴牢帽子。

动物毛皮是辽代服饰的主要原材料之一，虎皮服饰以其上佳的保暖性和装饰性深受辽代人喜爱。这顶虎皮帽高35厘米，宽42厘米，保存得相当完好。其以虎皮为主，辅以织锦和羽毛制成，是辽代动物毛皮类冠帽的典型代表之一，凸显了北方游牧民族特色。其上的对鸟麒麟纹锦纹饰繁复，工艺精细，展现了辽代织锦的别样风采。

这顶帽子的主体可分为帽檐和帽顶两部分。帽檐以虎毛制成，呈浅棕褐色，柔软蓬松。帽顶前部以虎皮制成；后部为一块黄地对鸟麒麟纹锦，并配有两根系带。帽顶上还镶有一根大而长的红色羽毛作为装饰。帽子整体材质优越，造型简洁，配色和谐，给人以威猛、干练、温暖之感。

虎皮不仅保暖性能好，装饰性能在各类动物毛皮中也位居顶级。此帽上的虎皮黄褐色与黑色相间，色泽鲜明，皮毛齐整。

此黄地对鸟麒麟纹锦为斜纹组织织物，大部分纹样是由绿色丝线显花而成，其间蓝色丝线显花也隐约可见。其上的鸟纹成对出现但不与麒麟纹组对，这种图案的不完全对称是辽代织锦纹样的特色之一。

小提示

麒麟纹是织物和服饰上常见的动物纹之一。麒麟作为中国古代神话传说中的瑞兽，象征着福运、太平、仁厚、聪慧、杰出、高贵等，形象雄健华美，整合了龙、马、鹿等动物的特征，其外形在各个历史时期有所不同，明代时最终定型。

十六国时期北凉禽兽纹锦和元代青花飞凤麒麟纹盘上的麒麟纹纹样示意

器物小知识

冠与帽的异同

冠和帽虽同属首服，但在形制、功能和社会意义上有所不同。总的来说，冠侧重于满足礼仪活动中的身份象征需求，而帽侧重于满足日常生活中的实用性需求。

陆文定人物画册中的忠静冠
（明，美国普林斯顿大学艺术博物馆）

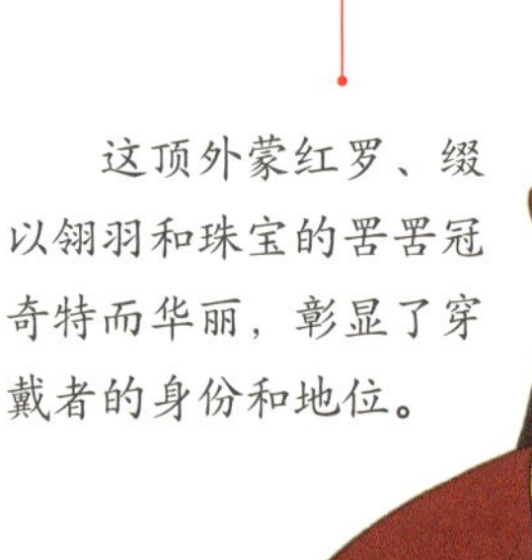

这顶外蒙红罗、缀以翎羽和珠宝的罟罟冠奇特而华丽，彰显了穿戴者的身份和地位。

元代后半身像册（元武宗后像）
（元，台北故宫博物院）

身份之冠

冠的造型多种多样，或由金属、玉石等硬质材料制成，或由金属、竹等硬质骨架和其上附着的织物组合而成。比如图中的忠静冠，骨架可能为铁丝，其上裹以乌纱（即黑纱）。戴冠主要是为了束发、固定发型，同时象征身份——古代男性20岁行成人礼方可戴冠，因此“冠”代指男性成年。

实用之帽

帽通常质地较软，有草帽、布帽、皮帽等，佩戴较为舒适，造型相对简单。帽可遮阳、防风、御寒，兼具装饰功能。

这种“坤秋帽”是清代后妃和旗人女性的冬季便帽，帽子后部有两条长长的飘带。

嵌珠石红绒结顶皮帽
（清，台北故宫博物院）

辽宋夏金时期的服饰风格

拓展话题

这一时期服饰的风格十分多样，且民族差异性明显。同时，各民族的服饰风格和文化风俗经历了深刻的融合与变迁，比如契丹族的毛皮材料和汉族的丝绸材料相结合，创造了新型的服饰材料。

辽代契丹族服饰

辽代契丹族传统服饰宽松实用，适合骑马和游牧活动，游牧文化特色浓厚，后融入汉族元素。

刺绣对凤纹袍（辽，美国克利夫兰艺术博物馆）

宋代汉族服饰

宋代汉族服饰以理性儒雅为尚，设计时注重简朴实用。文人士大夫们喜穿宽松闲适的衣袍，常佩戴可彰显高雅风度的头巾；女性服饰强调明理雅致的女性气质。

《听琴图》（局部）（宋，故宫博物院）

西夏党项族服饰

西夏党项族服饰西域色彩浓郁，装饰丰富。

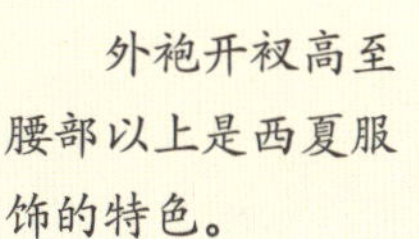

外袍开衩高至腰部以上是西夏服饰的特色。

《阿弥陀佛接引图》（局部）（西夏，俄罗斯艾尔米塔什博物馆）

玉逍遥是金代女式头巾上特有的玉饰。

镂雕云鹤纹白玉逍遥（金，故宫博物院）

金代女真族服饰

金代女真族服饰受契丹族的影响，将游牧风格和中原风格有机结合，同时保有自身特色。

列堞对虎纹锦翘头靴

东西交融，气派实用

国宝名称：列堞对虎纹锦翘头靴
所属年代：北朝
材　　质：锦

丝织品难以保存，清代之前的古代鞋履罕有完整实物留存。这双翘头靴保存较为完好，经修复后形制、花纹更显规整美观，是难得一见的北朝鞋履之实证。其靴面翘起的尖头个性十足，而面料列堞对虎纹锦体现了东西方文化之间的交流与融合。

靴面前端高高翘起并向后弯曲。这种翘头靴可有效保护脚趾，避免其踢到石头等硬物而受伤。

小提示

列堞锦的考古实物于新疆、甘肃等地出土了多件。不同实物上列堞骨架间填充的纹样有所不同，多为对兽；而骨架边缘大多饰有绵密细小的涡状卷云纹。据学者研究，列堞骨架的形成也很可能是受到了西方柱式和拱券式建筑结构的影响。这类风格的纹样出现在源自中国中原地区的平纹经锦之上，证明东西方工艺美学和社会文化的交融悠久而深入。

北朝列堞龙凤虎纹锦（局部）纹样示意

这双翘头靴造型美观独特，靴面前端有“C”形翘起，靴筒后部有扁平系带。同色系配色方式令靴子自上而下的三重区域色彩丰富和谐，给人以温暖、柔软、舒适之感。靴面的面料列堞对虎纹锦的特征是纹样骨架（称作“列堞骨架”）作连续的曲波形（或称“拱形”）排列。此靴面上的纹样虽因年代久远而不甚清晰，但其列堞骨架仍较易辨识。

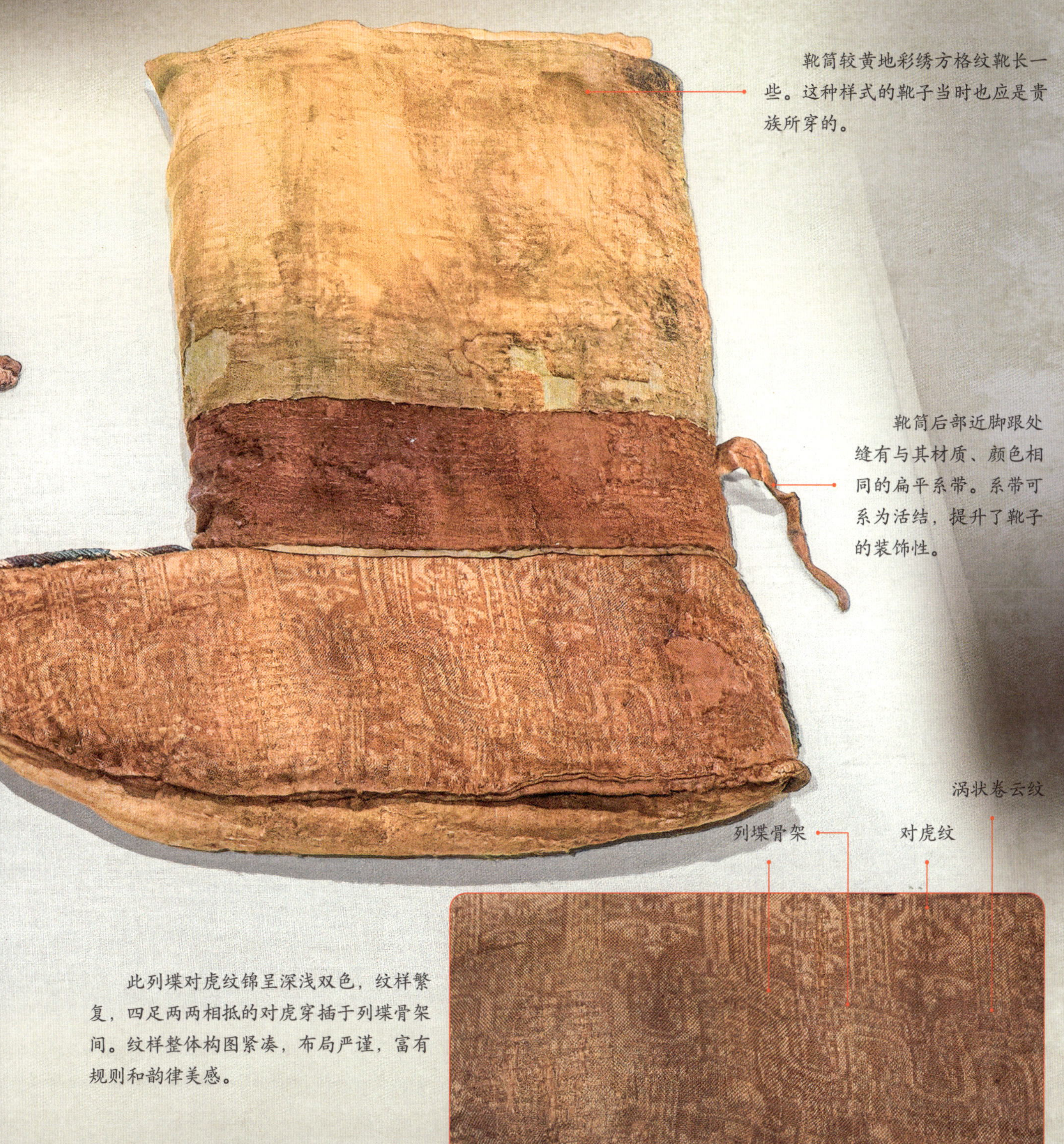

此列堞对虎纹锦呈深浅双色，纹样繁复，四足两两相抵的对虎穿插于列堞骨架间。纹样整体构图紧凑，布局严谨，富有规则和韵律美感。

其他文物

OTHER ARTIFACTS

刺绣菱纹手套

千年手衣，时尚回溯

这只酷似现今微波炉隔热手套的古代手套（古名“手衣”）制成于北朝时期，长18厘米，宽14.5厘米，为四指合并、大拇指分开的全包式，保存尚好。其主体面料为紫暗红色毛织物，其上绣有黑色黄边的菱纹。这只手套历经千余年仍不显破旧，造型和配色设计也毫不落伍，令人叹服。

国宝名称：刺绣菱纹手套

所属年代：北朝

材　　质：毛、丝

古人很早就开始佩戴手套以御寒，马王堆一号汉墓出土有3副直筒露指式夹手套。这只手套的面料蓬松、轻盈、保暖，这是毛织物的优势，而其上的菱纹（又名“菱格纹”）传递出对富饶和超越的祈愿。整只手套综合展现了当时纺织、印染与刺绣工艺的高超水准。

菱纹图案以黄色和黑色丝线绣成，辫子般的黄色线条将黑色菱格衬托得更为醒目。

菱格的轮廓线

绣成菱格黑色的丝线是用单宁、西茜草和靛青套染而成的。而毛织物的紫暗红色线是用紫胶虫染成的。

此手套的材质和设计风格均与现今使用的手套无甚差异，令人很难相信其来自一千多年前的北朝时期。

作为简单几何纹，菱纹早在史前就已被人类用于装饰陶罐等器物。菱纹织物出现的时间则要晚得多。想织出菱纹就须斜向排列图案；而由直排变斜排看似很好实现，实则需要高超的织造技术。直到斜纹组织、经显花的织法发明后，织有菱纹、回纹等纹样的织物才出现。

新石器时代斜方格网纹彩陶罐纹样示意

黄绮地刺绣花卉动物纹弓囊

鲜卑弓衣，射猎良件

国宝名称：黄绮地刺绣花卉动物纹弓囊
所属年代：北朝
材　　质：绮

弓囊即用于盛装弓的口袋。古代盛装弓箭的容器合称“櫜鞬”，上宽下窄的袋形鞬（即弓囊，又名“弓衣”“弓韬”）盛弓，长方形或梯形的櫜（即箭囊，又名“箭箙”“箭匣”）装箭。二者多为皮革材质，也有以树皮或织物制成的，如这件弓囊的主体材质是绮。此弓囊做工精良，其上绣制的花卉动物纹具有鲜明的北方游牧民族特色。

小提示

当时人们使用弓囊，有时会将未上弓弦的弓直接插入其中（弓弦缠于弓上），待射猎时再上弓弦。这样对弓和弓弦的保养都很有益处。

六瓣朵花纹分布均匀，与绮地的色调相近，不会抢主纹的风头。

这件弓囊开口宽大，底部收敛，附有系带，可轻松容纳、携带较大较长的弓。其主体色调为温和悦目的黄色，其上主纹为以褐色和青色为主的二兽相逐之景——包含两兽、一折枝花卉和作为背景的数处花草，边饰为朵花纹。纹样整体线条流畅凝练，搭配疏朗的构图和明快的配色，令弓囊颇具装饰性，展现了当时社会对武器类物品的审美需求和实现效果。

将弓装入弓囊并用系带佩挂于腰间，行动时可便捷地取用弓。

折枝花卉纹自然柔美，花头形状与弓囊底部微微凸起的弧形构造相呼应。

两兽之中似兔者居前，似犬者在后。前者于奔跑中扭头回望后者，似对其极为忌惮，想尽快远离；后者则张口吐舌，似正怒吼威吓前者。骋狗逐兔的场景在北方游牧民族的日常狩猎活动中十分常见，以这类纹样装饰弓囊再合适不过。

虎皮胡禄

契丹箭囊，骑射佳侣

国宝名称：	虎皮胡禄
所属年代：	辽
材　　质：	毛皮、锦

胡禄是指梯形束脖式筒状箭囊，为中空的硬质容器，颈窄底阔，顶部一侧有缺口用以取箭，部分有翻盖。辽代贵族所用胡禄常饰以银质饰件，契丹精锐骑兵被称作“银胡禄”。这件胡禄虽无银饰，也应为契丹贵族所有。其材质和工艺甚为考究，尤其所用的大块虎皮品相上佳。

胡禄除了用作箭囊，也可用作“地听”——枕地收集声波以作预警，还可充当乐器，拍打作响以为诗歌伴奏。其于隋唐时期至宋代应用广泛，虽然存世实物不多，但胡禄于古代美术作品中不算罕见。

翻盖胡禄

李赞华《人马图》卷（局部）
（五代，台北故宫博物院）

此黄地对鸟麒麟纹锦与前述黄地对鸟麒麟纹锦虎皮帽所用的织锦形制基本相同，可见当时这种样式的织锦很受辽代贵族青睐。

这件胡禄主体为皮制；顶部大致呈圆形（其内应有硬质骨架支撑），无翻盖；颈部缝缀一块附细丝带的黄地对鸟麒麟纹锦，可罩住囊顶部并系紧丝带，以防止箭支掉出；颈部以下包裹虎毛向外的虎皮，附较粗的皮质系带，可佩挂于腰间。另有一块边缘镶有深色孔雀羽纹锦、虎毛向外的虎皮，为可拆卸设计，需要时可半裹住囊身。辽代胡禄的制作精良程度和装饰华丽程度通常对应了使用者的阶层和身份，由此可见此胡禄使用者的社会地位应很显赫。

古人视孔雀为美丽、高贵和祥瑞的象征。此深色孔雀羽纹锦地纹的单位纹样形如孔雀尾羽末端类似眼睛的图案，纹样整体工丽优雅。

此胡禄所用的虎皮面积大，拼缝少，毛色亮泽，斑纹清晰，很是气派。其与其他两种织锦在材质、色彩和纹饰方面的搭配也很协调。

胡禄底部较颈部明显宽大一些。其在收纳箭支时，箭头在上，箭尾在下，可更好地保护箭尾的羽毛。

关于胡禄的来源，学界尚无定论。有学者认为其发源于萨珊波斯，于6世纪传入北亚草原地区，约于南北朝晚期传入中国中原地区。盛唐时期胡风文化大兴，令胡禄在中原地区广为流传。

彩绣花蝶纹粉扑

扑面而来的『小美好』

国宝名称：彩绣花蝶纹粉扑

所属年代：清

材　质：丝、棉

古人化妆的第一步是敷粉，要将妆粉施于面部，粉扑必不可少，其材质多为丝、棉等。迄今所见最早的粉扑实物出自马王堆一号汉墓。这对粉扑呈扁平状薄圆形，背托顶面分别于红地上绣有彩色牡丹纹和瓜蝶纹，四周以布条镶边。其造型小巧，做工精致，实用性与观赏性兼具，是晚清民间所用粉扑中的佳作。

制作者绣制牡丹花瓣、花蕊和蝴蝶触角、翅膀等图案时采用了多色绣线和数种针法。多姿多彩的纹样于背托上微微凸起，彰显了粉扑的质感。

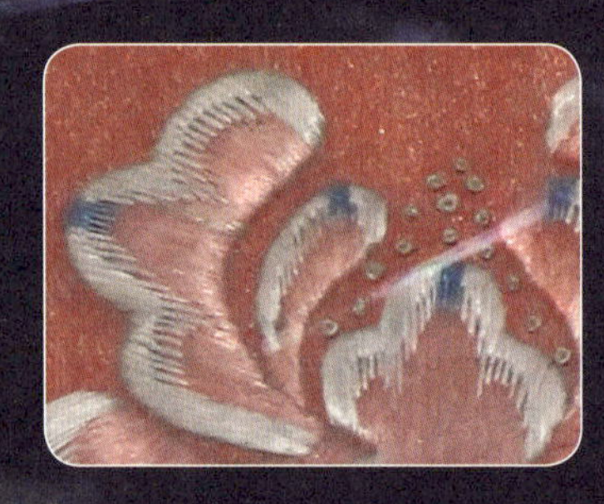

小提示

粉扑除了用于化妆时沾粉扑面，也可用于梳头时沾油，以抿头泽发。

晚清时期的粉扑和现今粉扑的形制已较为接近，其背面多绣有吉祥纹样，背托下包有棉絮之类吸附力强的材料。当时粉扑在民间常用作陪嫁物品，因此不乏料工极精者。尤其粉扑背面的刺绣，不仅题材丰富，针法也有平针绣、打籽绣、锁绣等多种。这对粉扑背面以喜庆的红色为主色调，其上的纹样更有着与婚恋、子嗣相关的多重吉祥寓意，推测应为陪嫁物品。

粉扑背面所绣的蝴蝶既与牡丹组成了寓意爱情甜蜜、婚姻幸福的花蝶纹（又名“蝴蝶戏花”“蝶赶花”），又与瓜蔓组成了瓜蝶纹。“瓜蝶”谐音“瓜瓞”，一般用以比喻子孙繁衍、相继不绝，因此瓜蝶纹寓意子孙绵延。

粉扑使用时或于背面缝一条横向布条，将手指伸入其下以拿持；或制成双层，将手指伸入两层之间以拿持，这样不会破坏粉扑背面纹样的完整性。

背托四周的金色边缘令粉扑更显华贵。

白绸绣花鸟钱袋

小巧精美的刺绣荷包

制作者使用了橘色绒线来固定金线，二者的色彩十分搭调。为表现卷曲螺旋状的纹样线条，金线转弯处较多。各转弯处均有不止一处橘色绒线，将金线牢牢固定。

松纹

莲纹

国宝名称：白绸绣花鸟钱袋
所属年代：清末民初
材　　质：丝

这件钱袋长11.5厘米，宽9.5厘米，主体面料为白绸，其上绣有花鸟纹样，四周镶有蓝色花边。其不仅可盛装银钱，也可存放一些零碎物品，供人随身携带使用。这类小型包袋古时称作“荷包”。与其形制相似的荷包于清末民国初时常见，体现了当时民间小型丝织品的工艺特征。

这件钱袋背面无纹，正面纹样被蓝色花边分隔为上、下两部分。上部为黑色的梅纹，下部为彩色的鸟纹、松纹和莲纹等，配色协调，寓意丰富——梅、松、莲等既是君子高洁品德的象征，又有美满、长寿、富贵等吉祥寓意。其纹样的刺绣针法主要为套针，辅以钉金绣等。套针因其绣线的套接不显露针迹、色彩的深浅过渡与融汇变化柔和自然，可充分表现物象的明暗渐变与立体感，从而令绣制的纹样在一定程度上具有国画般的晕染效果。

梅纹被置于钱袋中上部的翻盖上，单独呈现。金线边框内白地上梅花花瓣和枝条呈黑色，花蕊呈白色，画面简洁舒朗，好似一幅国画墨梅图。

花边内部主要有两种纹样，一种是白色四瓣朵花纹，另一种是黄色菱格纹，二者均作二方连续排列。花边外缘也饰以白、黄色绣线。主色调为蓝色的花边凸显了其中央的白地纹样，也令钱袋在观感雅致洁净的同时更为耐脏。

鸟儿身体呈灰黑色，喙、足呈橘色，与深蓝色的树枝、淡蓝绿色的松针和粉、橘、黄色的莲花等相映成趣。

套针始见于唐代，宋代发展较为成熟，明清时期十分普及。中国四大名绣之一的苏绣，即以套针为主要针法。依据纹样的表现效果，套针可分为平套、集套和散套等。平套的针脚整齐，绣面平服；集套的针法与平套大致相同，但藏针较多；散套的针脚错落有致，颜色渐变灵动。

精美实用的织绣小物

丝织品在古代贵族的日常生活中处处可见，不仅制成衣冠鞋袜等被人们穿着在身，也被广泛应用于不同用途的物品之上。优质的材料和精湛的做工令一些小型丝织品观赏性、实用性兼备，在服饰配件、功能挂饰、随身用品和陈设用品等多个领域绽放光彩。

早期腰带使用带钩系结

绦丝腰带（战国，台北故宫博物院）

蓝绸绣灵芝牡丹彩帨
（清，台北故宫博物院）

服饰配件类

古代男性贵族很早就开始使用丝质腰带，并将各式饰物和小工具通过挂绳或环扣等挂于其上。清代满族女性有佩巾的习俗，这些制作讲究的佩巾称作“彩帨”。

功能挂饰类

古人挂于腰带上的饰物和小工具类型众多，丝织品主要起到盛装它们的作用。比如扇囊和眼镜袋专用于盛放折扇和眼镜。锦囊（也有绫囊）和荷包则可盛装多种小物件。

米黄地打籽绣风景图眼镜袋
（清，台北故宫博物院）

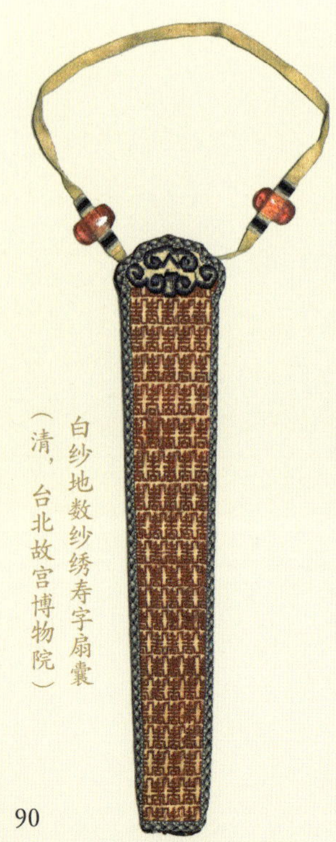

白纱地数纱绣寿字扇囊
（清，台北故宫博物院）

婴戏纹织锦囊（辽，美国大都会艺术博物馆）

红缎金银线绣荷包
（清，台北故宫博物院）

随身用品类

清代满族男性常将装有打火工具的火镰荷包挂在腰间，这类荷包也有不带挂绳的。古人使用的钱袋除了荷包式，也有褡裢式。

绣花卉火镰荷包（清，台北故宫博物院）

蓝缎地数纱绣万寿纹褡裢钱袋（清，台北故宫博物院）

紫花纹蓝锦盒（清，台北故宫博物院）

陈设用品类

古人常使用以带有刺绣的高档丝织品制成的盒、袋、套、包袱等来收纳贵重的小物，比如铜镜。专用于套（盖）铜镜的物品称作“镜套”。

蟾宫折桂纹丝绣镜套（清，美国大都会艺术博物馆）

国内其他丝绸纺织服饰相关博物馆名录（节选）

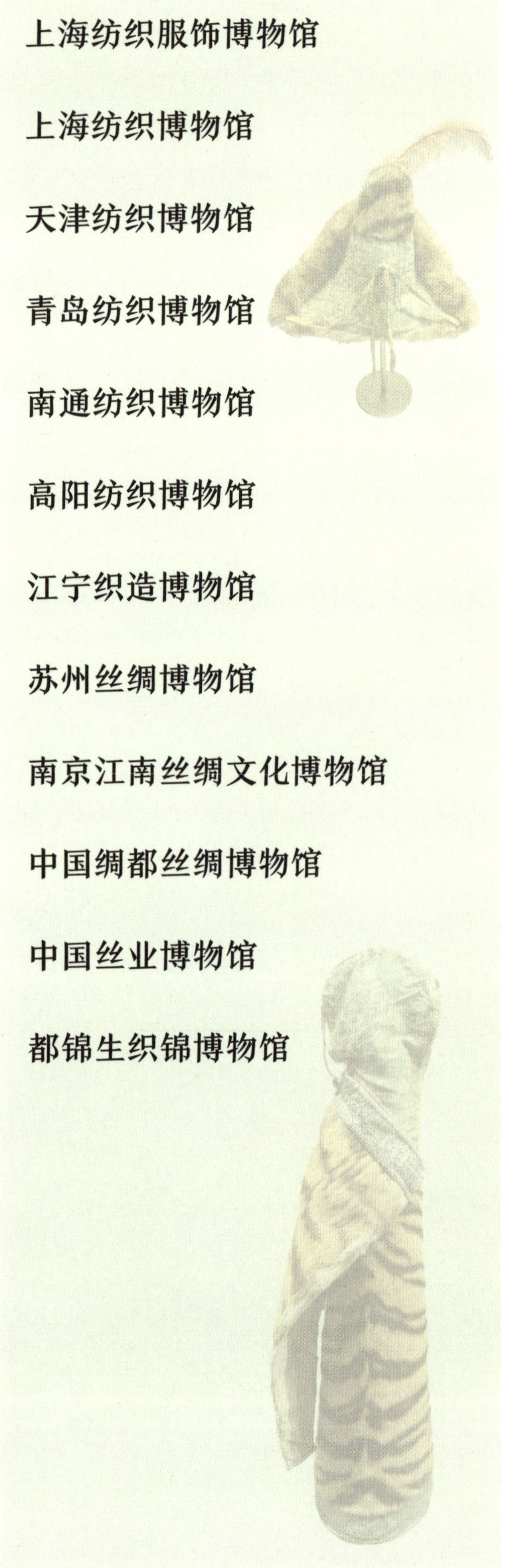

上海纺织服饰博物馆

上海纺织博物馆

天津纺织博物馆

青岛纺织博物馆

南通纺织博物馆

高阳纺织博物馆

江宁织造博物馆

苏州丝绸博物馆

南京江南丝绸文化博物馆

中国绸都丝绸博物馆

中国丝业博物馆

都锦生织锦博物馆

中国南京云锦博物馆

成都蜀锦织绣博物馆

广西壮锦博物馆

中国鲁锦博物馆

春秋源鲁锦博物馆

中国刺绣艺术馆

宋绣艺术博物馆

台绣刺绣博物馆

夏布绣博物馆

沈绣博物馆

北京服装学院民族服饰博物馆

江南大学民间服饰传习馆

中国丝绸博物馆凭借丰富的藏品、精彩的展览和深厚的学术积淀，为公众呈现了一幅展示与丝绸、纺织和服饰相关一切的全景画卷。作为公众了解丝绸文化的窗口和殿堂，其正不断创新发展，力求面向世界更好地讲述“锦绣中华”的精彩故事，并为保护和弘扬人类共同的纺织文明作出更大贡献。

丝绸博物馆的织锦残片中最出彩的是四神云气纹，此纹样取自西汉早期墓室壁画《四神云气图》，画面中央，一条双翼应龙蜿蜒呈“S”形，气势磅礴。龙舌卷曲，龙身有鳞纹，双翼展开，足下有云气与花朵纹样。壁画四周有直线穿壁纹和云气纹。此纹样展现了四只神兽——青龙、白虎、朱雀、玄武的风采，是汉代四神云气纹样的典型代表。

西汉《四神云气图》纹样示意

图书在版编目（CIP）数据

中国丝绸博物馆 / 红糖美学著. -- 武汉：华中科技大学出版社，2025. 6. --（中国博物馆全书）.
ISBN 978-7-5772-1814-4

Ⅰ. TS146-282.551

中国国家版本馆CIP数据核字第2025WD4923号

中国博物馆全书. 第三辑 中国丝绸博物馆　　红糖美学　著

Zhongguo Bowuguan Quanshu. Di-san Ji Zhongguo Sichou Bowuguan

出版发行：华中科技大学出版社（中国·武汉）　　电话：（027）81321913

华中科技大学出版社有限责任公司艺术分公司　　（010）67326910-6023

出 版 人：阮海洪

责任编辑：张　颖　刘昊威　夏瑞付　林晓春　　封面设计：魏　薇

责任监印：赵　月　张　丽

制　　作：王玉平

印　　刷：河北朗祥印刷有限公司

开　　本：889mm × 1194mm　1/16

印　　张：60

字　　数：663千字

版　　次：2025年6月第1版第1次印刷

定　　价：998.00元（全10册）